特別支援学校の先生が教える

発達障害&グレーゾーンの子どもの才能を伸ばす育て方

まてぃだ せつこ

三笠書房

発達障害の子どもたち
発想がゆたか
ヒャッホ〜イ！
石をならべるの
トクイだよ
やんちゃで
コトバもキツイ…
けど
元気！
ムードメーカー！
イェイ！
数字が
トクイだよ！
3.14159…
ゲーム
大好き！
だんだん
キモチ伝え
られるように
なった！
一人がすきなの。
あ、石
車のことなら
何でも
きいて！
どこまでも
走れちゃう！
体力あり！
忘れっぽい、ケド
やさしい！
しまった！
みんな ちがうから すてき

はじめに

「うちの子は、もしかして発達障害なのかな？」

「発達障害と診断されたけど、普通にしか見えない」

「発達障害との診断……でもどうやってわが子に接していけばいいのかわからない」

「いろんな対応法をやっているけれど、良くなっているの？」

「将来のことを考えると、不安でたまらない」


皆さん、わが子に合う子育てを、手探りで探しているのではないでしょうか？

自己紹介が遅れました。私は、発達障害児者の支援者（親・先生など）のサポーターをしている、「まてぃだせつこ」と申します。イラストを描いたり、物作りもします。

高1の愛娘は発達障害。自閉スペクトラム症、吃音症。小4から現在まで不登校です。そして私自身も、発達障害やＨＳＳ型ＨＳＰ（かくれ繊細さん）の傾向にあります。

昨年までは特別支援学校教諭として20年間、知的障害、発達障害（自閉スペクトラム症、注意欠陥・多動性障害、学習障害など）、ダウン症、肢体不自由など、さまざまな障害を持つお子さんたちと過ごしてきました。

学校では、子どもの才能を引き出すことが得意で、これまで１３００人以上の子どもたちとママ、パパさんを笑顔にしてきました。

しかし！　ウチに帰れば、幼い娘がいうことをきかないと、よく怒鳴っていました（本当に、お恥ずかしい）。同時に、娘を理解できない自分に腹が立って仕方がありませんでした。そして、日々、不安を抱えていました。

そのうち、あることに気づきました。それは、

「親がご機嫌でいると、子どもは安心し、自然に才能が開花する」

親がご機嫌でいれば、子どもたちは自然と自分で才能を開花させていくのです！

本書では、「子どもとママ、パパのつながり」や「子どもたちの気持ち」を、私なりの解釈でお伝えしていますが、私はお医者さんでもカウンセラーでも学者でもありません。なので、発達障害のことをすべて知っているかというと、答えは「ＮＯ」です。ただ、元教師・当事者の親・当事者という立場で試行錯誤を繰り返してきて、そのなかで、子どもたちが才能を開花させた瞬間に、何度も立ち会いました（教師冥利に尽きます！）。

本書では、そんな経験も踏まえ、私がしっくりきたことで、ご家庭でも実践できることを取り挙げています。ちょっと変わった育児書かもしれませんが、あなたが、「ピンときた」ページから読み進めてみてくださいね！

この本で一番伝えたいこと。それは「もう、がんばらなくていい」ということ。

特性のある子の子育ては大変です。しかし、いかにあなたが、ご機嫌になれるか。そこを意識してほしいのです。あなたは最高だし、子どもたちも最高です。

大丈夫、大丈夫。みんなで、よんな〜（沖縄方言でゆっくり）いきましょう。

まてぃだせつこ

目次

第1章

親の感情はテレパシーみたいに子どもに伝わる！

第2章

あのね、ホントはこう思ってるんだ。子どもの本音

第3章

ママ、パパの「困った」にヒントがある！ せっちゃん先生が答えます！

巻末付録

本文イラスト
まてぃだ　せつこ

第1章

親の感情はテレパシーみたいに子どもに伝わる!

1 ママ、パパの気持ち次第で子どもは変わる！

あなたにとって、お子さんはどれくらい大切な存在ですか？

そう聞かれて、「とても大事」「自分の命と引き換えてもいいくらい大事な存在」という親御さんがほとんどではないでしょうか？

そして、親と同じように、お子さんも障害の有無に関係なく、ママ、パパを大事に思っています。そしてその気持ちはお互い意識しなくても伝わっているものです。


これまで私は、発達障害の子を持つ多くのご家庭の親御さんから相談を受けてきました。

「わが子を落ち着かせたい」「集中力をつけさせたい」「自分のことは自分でできる、という自信をつけさせたい」……お子さんの将来を明るく豊かにしてあげたい、その一心で皆さん子育てをされているのがよくわかります。

そんなご両親に、私はこんな質問をします。

「ママ、パパは毎日楽しく過ごしていますか?」

ほとんどの方が子どもではなく、「親がですか?」と驚かれますが、冒頭でお話ししたように、子どもは親の気持ちを自然に受け止めているものです。

ですから、子どもを幸せに育てていくためには親御さんが毎日をどのように過ごしているか、が大事なことなのです。

親子、特にママと子どものつながりは強く、お互いの気持ちがわかるテレパシーか、何かスゴイ力を持っているのか!? と思うことありませんか。

ママが不安を感じたり、イライラしたりすれば、それが自然に子どもにも伝わり、それが子どものイライラや、体調不良につながることもあるのです。

たとえば、「久しぶりに友達と外出しようとした夜、子どもが熱を出した」といったことはありませんか? それも、親の気持ちが子どもに伝わっているから。

「夜に外出して大丈夫かしら」という親の微妙な表情や気持ちの変化を、子どもはものすごい高性能のアンテナで受信し、それが発熱など、心身の反応として現れるわけです。

本章では、まず、「ママ、パパの気持ちを整えることの重要性」をお話しします。なぜなら、親の気持ちが落ち着くことで、お子さんの気持ちも落ち着いていくからです。

「なぜ親が気持ちを整えると子どもが落ち着くの？」と思う方、それは**「親子だから」**。

「え、何それ？」と思われましたか？　しかし、冗談でもなく、これが答えなのです。

発達障害の子どもの子育ては本当に大変です。私自身も経験してきたのでよくわかります。ただ、親が毎日をご機嫌に笑顔で過ごしていれば、子どもも自然と笑顔が増えるのです。

お子さんはママ、パパの姿をしっかり見て、感じています。

ママ、パパが変われば、お子さんも変わり、笑顔が伝播《でんぱ》していくのです。

2 子どもの「できない」はママ、パパのせいじゃない!

発達障害のあるお子さん（グレーゾーンのお子さんも含めて）を育てているママ、パパは、「子どもがこうなったのは、自分の責任」と、これまでに何度も自分を責めることがあったのではないでしょうか。かくいう私も、毎日自分を責めたり、厳しく評価したりしていました。

でもまず覚えておいてほしいのは、**発達障害は、生まれつきの特徴的な脳機能であるということです。**

すぐ癇癪《かんしゃく》を起こす、いつも動き回るなど、大人から見ると問題行為に見えることも、子どもにとっては自分の気持ちを整えているだけだったり、「ママ、これしたい！」「今、これが気持ちいい」「気持ち悪い」と、まわりに気持ちを伝えているだけだったりします。

つまり、「**表現手段としてその行動をやっている**」だけなのです。

うちの子はなぜ？ と思ったら

とはいえ、外出時にお子さんが癇癪を起こしてずっと泣き叫んで移動しないとか、授業参観に行くと、みんなと遊ばず、教室の隅でずっと一人でいるなどの様を目の当たりにすると、「なんだか普通じゃないな」「他の子となんか違う気がする」と、親としては心がざわつきますよね。


このような親の感情は、他の子との「**比較**」から始まります。

保育園や幼稚園、小学校など、集団生活が始まると、「超マイペース」や過剰に集中する「過集中」、「こだわり」などの「行動」が目立ってしまい、先生から注意を受けたり、呼び出されたり。

すると「他の子は普通に過ごしているのに、うちの子だけ、なんで？」と、どうしてもわが子のできないことに目がいくようになります。場合によっては、先生やママ友、場合によっては家族から、「あなたは甘やかしすぎる」「なんでもっとキツく叱らないの？」などと言われてしまう。

その結果、「自分の育て方が悪いんだ」「私の子育ては失敗したかも」「もう手遅れだ」と勝手に思いこみ、そこからマイナスのループにはまっていくのです。そしてそれが日々積み重なっていくと、「私はダメな人間だ」「こんな自分なんて嫌い」と自分責めが始まってしまうのです。

ここまで書いてきたこと、実はすべて私は当てはまりました。しかも当時の私の職業は「特別支援学校の教師」。教育論や子育て論を学び、頭でわかっていても、目の前の娘の癇癪に耐えられない私がいました。そして、教師なのに子育てができていない自分がフォーカスされて、どんどんつらくなりました。そんな時、ふっと気持ちが楽になったことがありました。

それが次にご紹介する**わが子の「できてるトコ探し」**です。たとえば、

・歩くことができる

・**味噌汁を飲むことができる**
・**靴下を一人ではくことができる**
・**お風呂に一人で入ることができる**
・**本を読むことができる**

など。

親が「普通」「できて当たり前」と思っていることも、実は子どもたちが日々挑戦してできるようになっていることだったりします。親から見たら小さなことでも、ものすごく素晴らしいことなのです。

「わが子が○○ができない」と思うのは、親が子どものできないことに注目しているから。視点を変えて子どもたちを見れば、できること、できるようになったことはたくさんあります。

まずはお子さんをじっくり観察しましょう。

そして、日常の小さなことからでいいので、お子さんのできていることを見つけてあげてください。

初めは5個挙げてみましょう。子どものできてるトコ探しは、砂浜で綺麗な貝殻を見つけることや宝探しに似ています。

わが子の「良いところを見つける目」が育っていくと、子どものちょっとした行動も愛しくなりますし、なによりママ、パパの物事のとらえ方が変わっていきます。

見方が変わると、これまでの生活がガラリと楽しく変わっていきますよ！

せっちゃん先生からのメッセージ！

お子さんの「できる」をたくさん見つけてあげることは、ママ、パパの気持ちにも大きな変化をもたらし、それがお子さんのさらなる成長につながっていきます。

3 ママ、パパの自己肯定感アップが、子どもの自己肯定感アップにつながる

お子さんの自己肯定感をアップさせたい、そうおっしゃる親御さんは多くいらっしゃいますが、そういった方には、「**ママ、パパの自己肯定感はどうですか?**」とお尋ねします。

すると、項目1の質問と同様に、たいていの親御さんが、「自分のことが好きです」とは即答できないように感じます。

発達障害児のママ、パパは、お子さんが勉強が苦手、集団行動が苦手などの理由から学校でも注意されることが多く、親として肩身の狭い思いをしていることもあるかと思います。

親としてほめられる経験が少ないがために、親本人の自己肯定感が低くなっているのかもしれません。実は、これって、お子さんが体験していることと似ているのです。

ですから、お子さんの自己肯定感を上げたいのならば、まずはママ、パパが「**自分をほめ、自己肯定感を高める**」ことです。自分をほめる方法は、先ほどの「子どものできるところを見つける」と同じですが、もう少し具体的にみていきましょう。

●生活の中の〝できた〟を見つける

「目覚ましをかけずに起きることができた」「かわいいお弁当が作れた」など、小さなことでかまわないので、「私ってすごい!」とほめます。声に出すと、さらに脳内に記憶されやすくなります。時間があれば、紙やノートなどに書いてみることもオススメです。

ほめ言葉は幸福感や、やる気を生み出すドーパミンという物質を分泌します。それは他人に対するほめ言葉だけではなく、自分に対しても、です。ですから毎日自分をほめることで確実に気持ちが変わっていきます。

●まわりに聞く

「私の良いところ、どこかな?」と、家族や友達に聞いてみましょう。自分に対する好印象を聞くこともできて、嬉しくなりますし、それが自信につながるはずです。

練習は必要ですが、これらを実践していくうちに、「どんな自分でも、まぁいいか。これも私、そしてそんな自分も好き」と気持ちが変わっていくはずです。それが自己肯定感が高まったサイン。焦らずゆっくり気楽にいきましょう。


ここで一つ、私が担任をしていた時のSさんと、お母さまの話をご紹介します。

Sさんは、入学してから学校になかなか馴染《なじ》めませんでした。苦手な授業は参加せず、どこかに隠れてしまい、私はよく学校中を探していました。

お母さまは、子どもが学校で面倒を起こしていることで、肩身の狭い思いをされていらしたのか、連絡を取ることに積極的ではありませんでした。お会いしても俯《うつむ》きがちで少し暗い印象でした。

しかし、私はお母さまの大きな愛やサポートのおかげで、Sさんが新しい環境で必死に頑張ることができていることを感じていました。

そこで、Sさんの日々の取り組みや、お母さまのサポートへの感謝を連絡帳や電話などで何度も伝えていったのですが、そのうちお母さまの消極的な印象がだんだん変わっていきました。いつも笑顔でお話しされ、ＰＴＡ活動にも積極性に参加するようになり、とても穏やかな空気感から、気づけば、まわりの親御さんと教師との潤滑油的な存在になっていました。私との連絡のやり取りもスムーズになっていました。すると、次第に、Ｓさんにも変化があらわれてきました。持ち前の優しさやユーモアが出てきて、悩みも言ってくれるようになりました。そして授業のエスケープもなくなっていきました。

自己肯定感を高めるというと難しく感じますが、**「子どもがいい顔をしているか?」「親は自己卑下することなく先生と話すことができるか?」**、これらも、自分の自己肯定感を確認できるわかりやすいバロメーターだと私は思います。

せっちゃん先生からのメッセージ!

自分をほめることは、初めは恥ずかしいかもしれません。でも大丈夫。だんだん慣れて快感になっていきます。ママ、パパ、レッツトライ!

4 毎日、子どもと笑顔で接していますか？

発達障害の子どもたちは、朝の準備も時間がかかってママもパパも大変です。ついついイライラして、声を荒らげてしまいがち。ふと鏡を見たら眉間《みけん》に皺《しわ》がよった怖い顔の自分が映っていた……。本当は一日の始まりを、気持ち良く笑顔でスタートさせたいのに、いつも叱ってばかり……と、後悔したり、自己嫌悪に陥ったり。

そんな時に簡単にできて、イライラ解消、気持ちをアップさせる方法をご紹介します。それが「**鏡の中の自分を見て、ニコッと笑う**」ことです。

「え？　それだけ？」と思った方も多いかもしれません。

はい、それだけです。寝癖がついていても、頬に布団の跡がついていても気にしない。両手でそっと顔を包んで、「今日も私ってかわいいね〜、笑顔もいいね〜！」と自分に声をかけます。

忙しい朝でも、10秒もあればできます。最初は恥ずかしいかもしれませんが、**大事なのは続けること！**

最初はぎこちなくても、自分を見つめて笑うことで、ストレスを消し、幸福感をもたらすセロトニンが分泌され、気持ちもシュッと上がります。

すると自然に「自分の内面を見つめる」時間になって、「今日の私、元気かな？あ、子どもや家族のことで悩んでるな。大丈夫だよ〜。笑ってみて！」などと、自分との対話が生まれ、いつも笑顔でいられるようになります。

繰り返しますが、親の感情は子どもにも伝播していきます。ママ、パパが笑顔になると、自然にお子さんも笑顔が増えていきます。

視覚優位な子どもたちは、親の笑顔を見ると「あ、嬉しいな。安全だな」と、安心感に直結するのです。笑顔のパワーってすごいですね！

また発達障害のお子さんは、笑うことが苦手な場合もあります。親子で一緒に鏡の前に立って、口角をこうやってキュッと上げてみて……。そんなママ、パパとの時間もお子さんにとってはスペシャルな時間になるかもしれませんね。

ただ、笑うことが苦手な方や、「自分の顔を見たくない」という方もいらっしゃるでしょう。そんな時は、〝1秒チラッと顔を見る〟だけでも大丈夫。

また、鏡を見なくてもいいので、口角をグッと上げてほほ笑むだけで、気持ちも軽く、穏やかになっていくのを感じると思います。

ママもパパも、ゆっくりでいいのです。朝のたった10秒ですが、自分を大事にして、自分の素直な気持ちに寄り添いましょう。

ママやパパの笑顔が子どもの安心感につながるだけでなく、ママ、パパ自身の「感情や体調の変化」に気づくこともできるようになるはずです。

せっちゃん先生からのメッセージ！

鏡を見た時「どんな私もかわいい～！」とほめる。ここポイントです！
シミやシワだって「ありがとう！」ってなでなでしてみる。
ママもパパも毎日頑張っているんだもの。テンションがアップする言葉をかけてあげてみてくださいね！

よゆうがないと…。
イライラ
パタパタ!!!
今日の もちものは!
おきて!

笑顔! 幸せホルモン やってくる!
安心
ママ笑ってる
かわいい!
自分の感情、体調に きづける!

5 完璧を求めないで。ママ、パパは楽をしてもいい！

人に迷惑をかけてはいけない
いつも私は子どものために頑張っている
自分のことは後回しでいい

一つでも「はい」と思ったママ、パパ、相当頑張っているのではないでしょうか？

たとえば、発達障害のわが子の急に大声を出す、走り回るなどの「想定外の行動」をどうにかしようと頑張ったり、また、子どもがまわりに迷惑をかけている気がして、「私は人に迷惑をかけないようにしよう」「一生懸命家事をして、栄養のあるご飯を作ろう」「お部屋もいつも綺麗にしておかなくちゃ！」と頑張ってしまう……。

私もずっと「ちゃんとしなくちゃ」と気が張っていた経験があるので、気持ちはわかりますが、子育ては長期戦です。完璧を求めてしまうと、親子ともにプレッシャーやストレスで体を壊してしまいます。

一番大事なことは**ママもパパも、自分の人生を楽しむこと!** 楽しむことは罪ではありません。子育ても自らの人生も楽しんで、ママもパパも幸せ。それが結局、子どもが楽しく生きることにつながっていくのです。

次に私自身が楽をするために実践してきたことを挙げてみます。

●家事はサボるに限る

家事は、終わりのない仕事です。気になり始めると、あれもこれもと、どんどんやることがふくれ上がります。

ママ、パパの時間、子どもとの時間など、家族の時間を確保したい時に、削りやすいのは家事の時間です。食事は惣菜を買ってきてもいいですし、たまに外食するのだっていいでしょう。お茶椀だってその日に洗わなくても、見ないふり。すべてを完璧にしようとせず、自分を許してあげることも大事です。罪悪感を感じない程度に少しずつ「サボる」に慣れてみてくださいね。

●すき間時間で1分休む

親はいつも忙しい……ゆっくり時間が取れない場合でも、せめてすき間時間で休憩を取れていますか？　仕事の合間、家事の合間。1分でもいいので休みましょう。深呼吸もオススメです。

休むことは悪いことでも怠けていることでもありません。あなたが元気に笑顔で過ごすための大事な時間なのです。ただでさえ私たちは無意識に頑張ることを標準モードとして生きてしまいがちです。ですから「意識的に休む」くらいがちょうどいいのです。他人にはなかなかわかってもらえないかもしれないけれど、疲れているのだもの。家族に何か言われたら「ママね、疲れているの」と伝えることも大事。ママもパパも頑張っているのですから。

●助けを求める

家族の誰かに代わってもらえる人はいますか？　ママ、パパのきょうだいや友達でも、わが子を預かってもらえる人はいますか？　体調を崩す前に、早めに、「助けて！」と言いましょう。

特性のある子どもを育てるって、本当にものすごくエネルギーが必要です。まわりにはわかってもらえないことも多いです。なので、少しオーバーに「もう、くたくたで疲れているの。心が疲れる前に体を休めたい」と言ってもいいのです。これに関しては次項でより詳しくお話ししますね。

いかがですか？　ここに挙げたのはあくまで一例です。こんなふうに、今日はさぼってもいいかな、明日でもいいよね。そんなふうに「自分を甘やかす」ことも、わが子を幸せにするためには大事なことなのです。

せっちゃん先生からのメッセージ！

助けを求めることは甘えではありません。人に頼れると、ホッとする時間も確保できて、ママ、パパはご機嫌になっていくと思います。そしてその姿を見ているお子さんもご機嫌になる方法を学んでいきますよ！

親は子どもにとって、一番身近で最高のモデル！　なのです。

6 一人で悩まない！自己開示で未来に目を向ける

発達障害のお子さんの子育ては、日々湧き上がる不安や悩みでいっぱいいっぱいになることもあります。誰にも相談できずに、一人で悩みを抱えているママ、パパも多いと思いますが、いっぱいいっぱいの時は助けを求めることも大事です。助けを求める＝誰かに相談することをイメージするかもしれませんが、この項では「自己開示する」ことで悩みを解決する方法をお伝えします。

自己開示とは「自分の考えや感情をありのまま伝える」こと。つまり、「自分軸」を優先し、困った時は「助けて！」と言える。そして、相手がうまくいったら「良かったね、やったね！」と言える。そのような状態のことです。

「こんなこと言ったら人に迷惑かけるかな?」「こんなことで悩んでると思われたく

ないな」「こんなこと言ったら人から攻撃されそう」とか、そのような心の声が聞こえてくる場合は、まわりがどう思うかという「他人軸」で物事を考えているかもしれません。

そのような状態だと、人の目が気になって、わが子にとって必要なことなのに行動に移せない場合があります。

自己開示できるということは、親がストレスをためず「気持ちをスッキリさせる」とともに、どのような子育てがしたいのか、自分の考えに気づき、「自分軸」で子育てができるということになるのです。

とはいえ、今まで悩みを相談したこともなかったし、いきなり自己開示しましょうと言われても……と、ハードルが高く感じる時は、無理のない範囲で悩みや不安、そして自分の強みや弱み、体験を話してみるのはいかがでしょうか？

自分では弱みと思っていたところをほめられたり、共感してもらえたり、きっと「私もまんざらじゃないな」と思えるはずです。

●信頼できる、家族や友達に気持ちを伝える

おしゃべりやメール（ＬＩＮＥ）などで気持ちをアウトプットするだけでも、気持ちがとても楽になります。信頼できる人なら、きっと肯定的な言葉でフィードバックしてくれるはず。

アウトプットのすごいところは、自分の考えを自分の声で聞くことにより、物事を客観視できる点です。「本当の気持ちに気づく」ことができたり、「考えをまとめる」ことができたりします。

●ＳＮＳで発信してみる

初めはとても勇気がいるかもしれませんが、ＳＮＳは名前や顔を出さずに投稿できます。子育ての悩みや不安を書くことで、あなたと同じような体験をしている人が、救われることもあります。そして話をしてくれることを待っている人もいます。

不安を抱えている時に、同じ思いをしている人がいることを知るだけでも、気持ちが楽になるものです。

私も、今は投稿をすることで、気持ちがゆるんだり、コメントから元気をもらった

りと、子育てのパワーをもらうことが多いのですが、初めは投稿することが怖くてたまりませんでした。

最後に、もう一つ、自己開示をすることによる大きなメリットを挙げます。それは、**ママ、パパが自己開示している姿を見ることで、コミュニケーションが苦手な子どもたちも、気持ちの伝え方を学ぶことができる**ということ。親が子どもの素晴らしいロールモデルになるのです。

せっちゃん先生からのメッセージ!

気持ちをアウトプットすることで自分の気持ちに気づいてスッキリ元気になる。また、同じ悩みを持ったママ、パパの元気にもつながり、子どものロールモデルにもなる。

自己開示は良いことずくめです。

7 やることがたくさんあってパニック！頭の中を〝見える化〟しましょう！

家族のことや仕事のこと、自分のことなど、ママやパパはやることがたくさんあります。一日24時間は変わらないし、どうしたらこなせるのか、頭が混乱してしまうこともあるかと思います。そのような余裕のなさは、子どもにも伝染して、なんだか親子でソワソワしてしまいます。

私自身、目の前の仕事に追われ、娘の病院の受診予約や福祉機関への相談の電話をしなかったり、娘の学校行事や通院日を忘れることもありました。そのようなことがあまりにも多かったので、少しでも失敗を減らす方法はないかと試行錯誤し、至った結論は超シンプルでした。

それは、**「頭の中のものをいったん出し、視覚化する」**ことです!

次にご紹介する方法で視覚化して、優先順位を決めたら、あとは、淡々とやっていけばいいのです。この視覚化のおかげで、「あ! しまった!」とか「何だか不安」ということが減っていきました。その方法は次の3つです。

①頭の中を出す!「ブレインダンプ」

「やること」や「頭の中にあるモヤモヤ」「気持ちのモヤモヤ」など、とにかく紙に書き出します。「時間がない」「どうしよう」と悩んでいる時間があったら、まずサッと書き出してみること。

5~10分でも、いえ1分でも、アウトプットできれば、思考が整理されます。やることがわかると、不安や悩みはなくなって、スッキリしていきます。

「何をしたらいい?」「間に合うかな?」などの「漠然としたモヤモヤ状態」は、視覚化することでスッキリさせましょう。

②「スマートフォンのメモ機能やカレンダーを活用」する

やることが視覚化されたら、スケジュールに落としていきます。

スマートフォンのカレンダーは、いつでもどこでもチェックできるし、機種によってはパソコンと連動しているので、メモなどもシェアしやすくて便利です。

家族のスケジュールをアプリで管理しているという方も多いと思いますが、やるべきことをご夫婦で共有することで、子育ての分担もできていいですね。

もちろん、「手書きがしっくりくるし安心」という方は、紙の手帳でもかまいません。

③「付箋紙」を利用してプチ達成感を味わう

「締切日＋やること」を付箋に書き、時系列順に机や壁に貼っておいて、終わったらポイポイ捨てる！

この「終わったら捨てる」という行為が、「仕事を達成した。私、頑張った！」という感覚になり、満足感が得られます。同時に安心感も加わり、スッキリしますよ。

自分へのご褒美を用意してもいいですね。

大人であっても、このようなプチ達成感の連続は、意外に大切です。

せっちゃん先生からのメッセージ!

頭の中がいっぱいの状況って、カバンの中がいっぱいで、ほしいものが探せない状況と似ています。自分に合った方法を見つけて、「整理整頓したら大丈夫」という経験を重ねることで、どのような時も慌てにくくなります。

8 ママ、パパも「自分のご機嫌とり」をしよう！脳内ご機嫌のコツ

ママ、パパは発達障害の子どもたちの体調管理や学校とのやりとりなど、日々気を遣うことが多いものです。そして、また、いつもお子さんのことを考えて、「子どものために尽くさなきゃ」など、自分のことより子どものことを優先しがちです。

一見素晴らしい親の愛に見えますが、それは「**自己犠牲**」でもあります。お子さんや家族のために頑張って無理をし続けていくことは、ママやパパの精神的な負担になることはもちろん、お子さんにとっても重荷になるかもしれません。

子どもが大きくなって、「あれ？　私の人生、やりたかったことは？」「もう年だから何もできない」、なんてもったいない！

お子さんも「自分のためにやりたいことを我慢している親」より「好きなことをし

てご機嫌な親」でいてほしいはずですし、そんな親の姿を見て、自分自身も楽しく生きていくようになります。さあ、あなたの「ご機嫌とり」スタートです！

好きなものは何ですか？

好きな色、食べ物、動物、行きたいところなど、「好きなこと、もの」にかかわっていることを想像すると、心がワクワクしませんか？　その気持ちが上がる感覚がとても大切になります。

なりたい人、憧れの人はいますか？

年齢、性別、国籍、すべて関係ありません。友達、芸能人、誰でも良いです。「この人のこんな見た目が好き」「この人のこんな性格が素敵」など、自由に思い描いてくださいね。そのようなモデルがいると、困った時や悩んだ時に「あの人なら、こんな時どうするかしら？」と想像しやすくなります。私もこの方法で何度も気持ちが楽になりました。

●やりたかったことは何ですか？

子どもの頃、大学時代、やりたかったこと、なりたかったことは何でしょうか？趣味、仕事、資格、なんでもいいです。思い出してみてください。そして、まだ「やりたい」「挑戦してみたい」気持ちがあれば、是非挑戦してください！

親がやりたいことをやることは、わがままに思えるかもしれませんが、一度きりの人生です。今は家にいながらオンラインで学べる講座もたくさんあります。やりたかったことを思い出して、一つひとつやってみることをオススメします。

●夢は何ですか？

ママ、パパの夢は何ですか？「家族旅行に行きたい」「一人旅をしたい」「痩せたい」「お金持ちになりたい」。何でもいいので、紙に書いてみてください。誰にも見せる必要はありません。コツは2つです。

- **無理かもしれないという考えは捨てる**
- **制限なしで夢を語る**

単純ですが、夢について想像している時、心躍る感覚になりませんか？ その感情を味わうことがとても大切なのです。面白いことに、ご機嫌になると気持ちにゆとりが出て、今まで悩んでいたことも、「ま、いっか」と気にならなくなってきます。

実はこれ、かなり大事なポイントです。障害のある子どもの子育てには、様々な問題があります。しかし、ご機嫌になって心の余裕が生まれてくると、「何か方法はある。大丈夫！」と悩まなくなります。

娘は発達障害、不登校、体調不良などもあり、今も現実は変わっていませんが、自分のご機嫌をとることで私も心配することが減ってきました。日々ご機嫌でいることで、気楽にとらえることができています。ぜひご自分で体験してみてくださいね。

せっちゃん先生からのメッセージ！

どんどん「自分のご機嫌とり」をしてみてくださいね。悩みや不安でいっぱいだった頭の中が、楽しいことや、やりたいことでいっぱいになりワクワクしてきますよ。

9 ママ、パパが幸せだと、自然に子どもも幸せになる法則

本章の最後に、「幸せ」を増幅させる法則をご紹介します。

辞書によると、幸せとは、「運が良いこと。不満がないこと」とありますが、もっとわかりやすくいうと、**幸せとは「嬉しい」「楽しい」「心地いい」こと**ではないでしょうか？

ママ、パパ、幸せですか？

即答できない場合、もしかすると、自分を満たす時間を作ってあげることが必要かもしれません。なぜかというと、負の感情が蓄積されると、ちょっとしたことでも不満を抱くようになり、子どもやパートナーにキツく当たってしまったりするなど、日々の生活で負の感情が滲《にじ》み出てしまうからです。

これまで子どもや家族との時間を優先していた場合、「自分だけ楽しむなんて」と、

最初は罪悪感を感じる場合があります。ただ、ちょっと考えてみてください。ママ、パパが子どもに幸せになってほしいように、子どももママ、パパが幸せでいてほしいと思っています。**ママ、パパが楽しそうに毎日過ごすことは、子どもにとっての最高のギフト**なのです。

とはいえ、次に挙げるようなちょっとしたことでかまいません。

●友達、仲間との時間を持つ

子育て中は、どうしても家族や子どもと過ごすことが多く、友人と楽しむ時間も少なくなりがちです。子どもが小さいとか、シングルマザー（ファザー）の場合、外に出ることもままならないでしょう。今はＬＩＮＥでのやりとりもできます。

Ｚｏｏｍなどのアプリを使えば、遠隔でお友達ともおしゃべりができます。ママ、パパが無理なく、外とのつながりを楽しめるといいですね。

●アニメ・映画・本などで、別世界を楽しむ

アニメや映画、本は、すぐに「別世界」に行けて、現実とは違う世界、人格を体験

することができます。さらにスマートフォンやｉＰａｄで簡単に、しかも比較的安価で見ることができるので、息抜きには最高だと思います。他にも手芸、音楽など、ママ、パパがしっくりくるものならＯＫです。

プチ贅沢をする

いつもコンビニエンスストアで買っているコーヒーをカフェオレにしてみる、いつも１００円ショップで買っていたバレッタをオシャレなアクセサリーショップで買ってみるなど、小さなことでいいのです。その積み重ねで幸せ感が増し、少しずつ不満が消えていきます。

短時間でもいいので仕事を休んで、思うがままに過ごしてみる

仕事をお休みして、いつもは仕事をしている時間に、スーパーに行く、映画を見る、ショッピングを楽しむ……。いつもと違って時間に追われることなく、ゆっくり過ごせる幸せ感。「幸せ〜、楽しい〜。ありがたい〜」。この感情を味わうことって、とっても大切です。非日常を味わうことは、リラックスできるだけでなく、ものすごい気

分転換になります。

他にも、散歩をしたり、ボ～ッとしたり、ご自身がピンとくることをやってみましょう。全部は無理にしても、毎日は無理にしても、このように自身を満たすスキルを持っている、それを意識していると、すき間時間でも自分を満たすことができるようになっていきます。

「私の幸せ（嬉しい、楽しい、心地いい）が、子どもの幸せ！」を合言葉に、ぜひ親子で幸せになってくださいね！

せっちゃん先生からのメッセージ！

ちょっとした工夫で自分自身をどんどん満たしていきましょう。満たされた気持ちは、水が流れるが如く、自然に溢れ、感謝の気持ちが生まれます。すると、わが子にもまわりにも優しくできるはずです。

親の幸せは、子どもの幸せ

うれしい・楽しい・しあわせ…

第2章

あのね、ホントはこう思ってるんだ。
子どもの本音

1 一人でやってみたいんだ！ ——チャレンジ精神を育てるには？

障害の有無にかかわらず、子どもは好奇心の塊です。子どもたちの「やってみたい気持ち」は、日々すくすく育っています。

幼ければ幼いほど、恐いという気持ちはありませんし、やりたいことはやるけれど、楽しくなければやらないと、とてもシンプルです。特に発達障害の子どもたちはするどい感覚や独創的な発想など、素敵な面をたくさん持っています。

しかし、集団生活の中でみんなと同じように行動するように促され、やりたいことを我慢したり、失敗しないよう大人が先回りをすることで、結果として自分を抑えてしまうことがあります。でも本当は、「僕（私）は一人でやってみたいんだ！」と、そう思っています。

もちろん、親としては「まだ幼いから無理かな？」「まだ判断できないのでは？」

「失敗させたくないな」などの気持ちがあるかもしれません。しかし、そんな時はご自身にこう質問してみてください。

「失敗はダメなこと？」


いかがでしょうか？

親は子どもには、「社会で生き抜く力を身につけてほしい」と願っています。何かを上手にできる、学校のテストで良い点が取れる、これも生き抜く上で必要な力かもしれません。

しかし、ご自身の人生を振り返るとどうでしょうか。「成功したことだけでなく、あの失敗があったから、人の優しさに気づくことができた」「あの人と別れたおかげで今のパートナーに出会えた」など、そのような体験は、みんな持っているのではないでしょうか。

ということは、**お子さんの失敗も無意味ではありません**。大丈夫、子どもたちは、大人が思う以上に、しなやかで強く、大人が想像もしないユニークな発想で切り抜けます。心配のあまり、お子さんの失敗する体験を奪わないであげてください。

失敗しても希望を持って次のアクションを起こせる、それは人生を豊かに生きるかけがえのない宝となります。そして、子どものこの力を育てられるのは、身近にいる親だけなのです。

●小さい頃から、小さなことからさせてみる（体験させる）

子どもがやりたいと言った時、「**自分でできる？**」と質問をし、できるかどうかを自分で判断させると、意外に子どもは無茶をしません。質問をしていくことで、いつもは動き回る子も、いったん立ち止まり、「自分はできるかどうか？」を考えるようになります。

また、外での活動や刃物を使う活動など、危険を伴う場合は、親やまわりの大人が見守ることで、子どもも安心して挑戦できます。

●失敗したらやり直せばいいことを学ぶ（やり直せる力）

発達障害の子どもたちは、「じっとできなくて怒られた」「気持ちが伝わらなくて嫌

ひとりでやってみる体験

チャレンジ精神・やり直す力ゲットだぜ!

な思いをした」などの失敗体験が増えると、自分の行動に躊躇《ちゅうちょ》するようになることがあります。

　そんな時、失敗は悪いことではない。ママもパパも、これまでたくさん失敗してきたということを伝えるといいです。「字を間違って書いたら書き直す」ように、「**失敗してもやり直せる**」ということを常日頃から伝えるのです。やり直す力（レジリエンス）が育つと、挑戦する気持ちがすくすく育っていきます。

せっちゃん先生からのメッセージ！

娘の幼少期の話です。娘が何かを「やりたい」と言ったら、「できると思ったらやってごらん」と声をかけていました。そうすると、2、3歳でもいったん止まって考え、できると思ったら行動し、できないと思ったらやめる姿が見られました。衝動的だった娘が立ち止まり、考える姿を見て、感動しました。

2 ママ、パパは心配性なんだよね ——子どもの気持ちを大切にするには？

子どもから見ると、大人は心配ばかりしている生き物のようです。子どもはママやパパが大好きなので、心配させたくありません。なので、心配をかけないように自分の気持ちを押し殺すことがあります。

一方、親も、子どもが「傷つかないように」、どうしても守りの態勢になってしまいがちです。子どもが大事だからこそ心配して、何か問題が起こらないように、学校と打ち合わせをしたり、先生に話をして根回ししてみたり……。

私は今でこそ、娘に対し「お好きにどうぞ」と、やりたいようにさせていますが、以前は、心配性で、同級生との間に変な空気を感じた時には、その子の親に話を聞いてみたり、学校の授業で困っていたら、先生に「なるべく板書を消さないようにお願いします」とお願いするなど、いつも先回りして「娘に失敗させないように」「嫌な感情を抱かせないように」していました。

今振り返ると、肝心な娘の気持ちを聞いていませんでした。娘の人生なのに本人の意見を無視して、私が勝手に「娘にとって良いこと、悪いこと」を判断していたんですね。

しかし、障害があるから、まだ小さいからといって、すべて親が決めてしまっていいのでしょうか？

小学1年生くらいでも何をどうしたいかを考え（多少曖昧であったとしても）、感じることができます。大人が思っているより、いや大人より、子どもは自分がどうしたら心地良いのか、直感でわかっているのですね。

これは学校の支援体制でも同じことが言えるかと思いますが、**子どもについて話す時、その中心には、本人がいることが自然**だと思います。

大人の我々でも、自分の話なのに、まわりが勝手に決めていたらどうですか？　嫌ですし、やる気も起こりませんよね？

では、どうしたらいいのか？　その答えはいたってシンプルです。

お子さんに、「あなたはどうしたい？」と聞くだけです。

たとえば、大人が子どもの障害についてクラスメイトに理解させたい。しかし本人は言ってほしくない。そんな時は、どうしたいのか、子どもの気持ちを聞いて、具体的な行動を導き出し、子どもがどうしたら安心して過ごせるのか、考えていくことが大切なのです。

大人の視点で、「傷つくかもしれない」という選択でも、子どもは「自分で選んだ結果であれば納得」します。逆に、勝手に決められてうまくいかなかった時には、強く反発します。同じ結果になったとしても、子どもの反応は180度違うのです。

子どもの声を聞きながら進めていくことで、お子さんは状況を予測する力や、乗り越える力、覚悟する力がついてきます。これは大人任せにしていては、絶対につかない力です。

親が、お子さんの声を聞いて、子育てをするようになると、お子さんは、自分の意思が通る心地良さや満足感から心が成長し、どんどんチャレンジしていきます。育児書にはないかもしれませんが、子どもの意見を尊重しながらの「わが家だけの子育てスタイル」って素敵ですよね。

お互いの心の距離もグンと縮まって、信頼関係が深まるのを感じると思います。

せっちゃん先生からのメッセージ！

「子どものことを心配するのが親の仕事！」と思っていた私。そんなことなかったんだ……と気づいた時は、目から鱗《うろこ》をとおりすぎて、目から〝魚〟でした（笑）。今でも、娘のことで「心配スイッチが入った！」と気づいたらすぐに、「この子は大丈夫！」と気持ちを切り替えています。最近はわが子の選択を尊重できるようになりました。

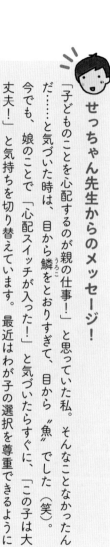

子どもおいてけぼり…。
心配
どうしたら、
フムフム
子ども中心に♥
どうしたい?
でね!

3 もっと自分で決めたいんだけどな〜
――自己選択できる力を育てるには？

私が教師をしていた頃、「もっと自分でいろんなことを決めたいのに、ママやパパがすぐ決めちゃうの」という声を、子どもからよく聞いていました。

もちろん、ママ、パパの気持ちもわかります。前項でお話ししたように、私自身も娘が心配で、勝手に決めてしまっていたことがありましたから。

しかし、ママ、パパさん、「子どもに決めさせる」ことは、不安もあるかもしれませんが、これは**子どもの自己選択力を成長させるチャンス**なのです。

人は一日で、３５０００回もの選択をしているそうです。つまり、日常生活において、自分で決めさせる＝選択させていくことで、自己選択力が身についていくのです。これを日々の子育てで活かさない手はありません。

「宿題しなさい！」「そろそろお風呂でしょ」「おかずもちゃんと食べなさい」と言っていたことを、少し意識してお子さんに選ばせてみてください。

子どもたちは、小さな選択を繰り返すうちに、いつの間にか「私はこう思うよ、こうしたい！」と言えるようになっているはずです。

ただ、子ども自身に選択させると、時間配分や要領が悪いこともあるでしょう。場合によっては本人や親までも抱きたくない感情も味わったり、傷つくこともあるかもしれません。

しかし、これからの時代、**自分で考え、選択できる力は大事なスキル**です。将来のことを考えると、親がそばにいるうちに、できる範囲でいいので、自分でリカバリーできる方法を身につけていけば結果オーライなのです。

もちろん自閉的傾向の強いお子さんの場合、選択肢が多いとパニックになったりします。お子さん一人ひとりに合わせ、スモールステップで進めていくことが大切です。

日常生活でできる選択する力を伸ばす方法として、たとえば、「洋服を着る順番」

「ご飯を食べる順番」「散歩の道順」など、本当に小さいことでいいので、自分で決めさせるというものがあります。

この時、登校時の洋服がちょっとチグハグだったとしても、頭ごなしに否定しないことです。穏やかに落ち着いて、「ママはこっちが好きかな?」とひと言言ってみてもいいでしょう。

親子で意見がくいちがっても、意見を聞かなくても、それはそれでいいと思います。それもわが子の「選択」なのですから。

「どうしてもひと言、言いたくなる!」場合は、2回ほど深く深呼吸してみてください。気持ちがストンと落ち着きますよ。

選択力をレベルアップさせるには

だんだん選べる力がついてきたら、**「週末やりたいこと、家族旅行など、企画もの」を、子どもに計画させることも超オススメ**です。

お出かけの計画には、日程、行き先、行きたいお店、交通機関などなど、考えなくてはいけないこと、決めなくてはいけないことがたくさんあります。

大変ですが、楽しい家族のイベントを任されれば、子どものテンションは上がります。はじめのうちは、要領が悪かったり失敗したり、お金が無駄になることもあるでしょう。

口を出したくなったり、やめさせたくなる場面もあるかと思いますが、基本的に子どもが助けを求めるまで親は見守ります。この**「自分が動かしている。親に任されている」**感覚が大きな自信となります。

とはいえ、途中で子どもが悩んでいる場合は、一緒に考えてみようかと声をかけてもいいでしょう。


教師時代の話ですが、修学旅行の時期になると、学校では生徒に自由行動日の計画をさせていました。基本、先生たちは口出しせず、生徒たちが何をしたいのか、好きに決めさせていきます。

子どもたちはあれがいい、ここがいいと、本当に楽しそうに話し合い、とても盛り上がっていました。いつもは居眠りが多い生徒も、目をキラキラさせて積極的に話し合いに参加していました。

自分で選べる、自分の意見が反映される、やりたい、楽しいという気持ちは、自然に言動が増えていくことにつながっていくのですね。

これぞ学びの基本的な姿だなと感動しました。

自分で開拓した体験は、プライスレスです。子どもの「やりたい！」という気持ちは行動につながります。そこから化学反応を起こして、いろんな成長の種まきになっていく。わが子を育てた経験からも実感しています。

せっちゃん先生からのメッセージ！

子どもは日常の小さな選択をする経験を経て、自然に大きな選択もできるようになります。

親の尺度で測らずに、失敗しても大きな気持ちで受け止めることが大切ですね。

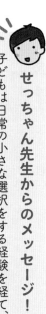

選択できる力を育てるには？

ズバリ!
自分で決めさせる

4 気持ちをうまく伝えられないんだ
——伝える力をアップするコツ

発達障害の子どもたちは、その特性ゆえに、目を合わせることや、その場で気持ちを言葉にすることが苦手だったりします。

相手に気持ちを伝える方法は一般的には「話す」ことですが、他にも紙やホワイトボードに「書く」などして気持ちを伝える方法もあります。

この項では、「わが子の伝える力をアップする方法」をお話ししたいと思います。

わが子の伝える力を伸ばすためには、まず「**会話と対話をフル活用すべし！**」です。

「会話」は日常的なおしゃべりで、会話を深めていくと「対話」となります。

まず、会話についてお話しします。

発達障害の子どもたち、その特性は子どもの数だけあります。伝え方も、言葉数が少ない子、マシンガントークの子、話しかけられることが苦手な子など、千差万別です。

●会話で伸びる力

子どもは、ママやパパとの何気ない会話から、「会話の型」や「間合い」「表現方法」などを覚えていきます。

ということは、**会話をするだけで、子どもの伝える力は自然に伸びていく**のです。

ママもパパも忙しくて、子どもとゆっくり会話する時間を取れないかもしれませんが、会話をすることで子どもの会話力、伝える力が伸びるとしたら、たとえゆっくり時間が取れなくても、無理やり時間をつくってでも子どもと話したいと思いませんか？

とはいえ、他愛もない、普通の会話で十分です。そして、会話が普通にできる関係になると、さらに深い話、つまり対話に移行しやすくなります。

たとえばわが子が友達のことで悩んでいそうだなと感じた時は、「何か悩んでいることある？」と聞くことで、子どもは本音を話すかもしれません。これも日頃からの〝会話〟が大事です。そして、会話が深くなり、対話ができるようになると、困った事態や問題が起こった時、お子さんは素直に話すことができるようになります。そして、短時間で解決策を見つけ、実行に移しやすくなります。

ただ、気軽にできる「会話」に対し、「対話」は、ものすごく心身のエネルギーを使います。

改まって話すことが苦手な子の場合は、一緒にゲームをしながら、テレビを見ながら、散歩しながらなど、まずは雰囲気作りが大切だったりします。

子どもが他に気になるものも少なく、リラックスした環境の中で、「最近、どう？」と話すことで、お互いの本心を伝えやすくなります。

細かいことですが、立ち位置としては、対面より横に並ぶ、ちょっと斜めを見ながらだと、圧迫感がなくていいですね（座位の場合も同様です）。

また思春期になると、成長とともに、親には話さないことも出てきます。それまでは何でも話してくれたのに……と、親としては寂しく、不安になるかもしれませんが、それでも「ま、いっか。いつか話してくれるかな」くらいの気持ちでいると良いと思います。そして親自身も**「ふとした気づきや思いを日頃から伝える」**ようにしましょう。

たとえば、「今日ママね、職場の人から言われたひと言が、なんか嫌だったの。相手の言葉が気になることってあるよね」などと話すと、それがさそい水となって、悩みを言ってくれることもあります。たとえ親子であっても**「言いたいことを言い合える関係」はゆっくりゆっくり育っていく**ということを覚えておくといいかもしれません。

私の元生徒のKさんは、口数も少なく、質問をしても黙っているか、かすかに頷《うなず》く程度でした。そんな中、接する機会や、会話が増えていくと、共通の趣味も出てきました。次第に笑顔も見られるようになり、気持ちもポツリポツリと話してくれるようになりました。

Kさんは、「なかなか自分のことを理解してもらえない。自分の気持ちがまわりに誤解されて伝わることが嫌」ということを話してくれました。それから、たくさんいろいろな話をしました。

体調によっては口答での会話が難しく、筆談の時もありましたが、雑談の中に、私はKさんのいいところを盛り込み、ユーモアを交え話していきました。

同時にお母さんとも連絡を密に取り合い、Kさんの学校での様子を伝えました。

1年ほど経った頃、Kさんが少しずつ笑顔を見せるようになり、授業への参加も増えるなど、自分に自信を持つ様子も見えてきました。

そして、「気持ちを伝えることで、誤解も解ける、人との関係性が変わる。自分を理解してくれる人がいる」と、意識に変化が見られました。

「先生は教える人、生徒は習う人」という縦の関係ではなく、人と人として対等に、深く話す中で、生徒は心を許し、対話ができるようになりました。

親子であっても同じだと私は思います。わが子が何が好きで、どんなことに興味を持っているのか、それを日々生活する中で理解し、共有することで会話が生まれ、それが対話へとつながっていくのです。

気負わず、まずは親子の「ちょっとした会話」を増やすことから始めていきましょう。

せっちゃん先生からのメッセージ！

教師は長くても、数年しか生徒のそばにいることができませんが、親は長期間、伴走をすることができます。できる範囲で「いろんな話をする」だけでも十分です。

子どもは親子でのやりとりを、会話を通し、実体験として学んでいきます。

5 話が長くて、何言ってるのかわかんない
――わが子の会話力を高めるために

「クラスメイトの話についていけない」。発達障害の子にはよく見られることです。この時の子どもの頭のなかをのぞいてみましょう。

・別のことを考えていたら、話が他の話題になっていた（気が散りやすい）
・言葉の意味がわからない（まわりくどい言い方、たとえ話がわかりにくい）
・なんか今、変な空気が流れたような？　いったい何？（空気が読めない）

このような感じでしょうか。つまり、「話に集中していなかった」「言葉の意味がわからなかった」ということです。

そこで、ママ、パパが、わが子の「会話力を高めるためにできること」を、ご紹介

します。

会話に注意をひく

話していて「あ、今、うちの子、話を聞いてないな」と感じたら、「ねぇねぇ、話聞いてた？」と声をかけて、気づかせる。ベタですが、効果的です。

また、日常会話の中で、「こう言われたら、どう感じる？」「ママ（パパ）は、こう思うな」など、感情について確認してみることも、いいかもしれません。そして、「困った時は、いつでも相談してね」と伝えておきます。

遊びを通して語彙を増やす

「しりとり」「読み聞かせ」「漫画」などは、子どもの語彙を増やせる、最高のツールです。なぜなら、楽しみながら、自然に学ぶことができるからです。

たとえば漫画は、「バーン！」「ドキドキ」などのオノマトペが、たくさん使われています。感情を文字で表現しているので、視覚優位な発達障害の子どもたちにとっては、とてもわかりやすいのです。

他にも、アニメやドラマは、登場人物がバストアップで描かれることが多いです。他にも、音や音楽で、感情をうまく表現していることも多いですよね。字幕表示で見せることで、正しい表記を学ことこともできます。

わかりやすく話す

発達障害のお子さんの中には、「聞いたことを、ちょっと記憶しておく」（ワーキングメモリ）ことが、苦手な場合が多いです。そのため、「短い言葉で」「わかりやすく」「はっきりと」、伝えるといいですね。これは、実は、定型発達のお子さんにとってもわかりやすいので、学校でもどんどん取り入れてほしいと思っています。

ちなみに、娘は、不登校をして1人で自宅で過ごすことが多かったのですが、家ではずっとアニメやドラマを見ていました。「単語」や「会話方法」、「表情から読み取れる心理状態」など、乾いた大地がぐんぐん水を吸収するように語彙が増えたのが印象的でした。

子どもは、大人が思っている以上に、感度が良く、目や耳から得た情報によって、会話力を高めていきます。それは障害の有無、程度に関係ありません。お子さんは日々得た情報から、独自の気持ちの伝え方を習得していきます。

ママ、パパは、子どもたちの可能性を信じて、一緒に楽しむ。これだけで、十分なのです。

せっちゃん先生からのメッセージ！

親世代にとって、漫画やアニメを見る時間は、遊びの時間ですよね（笑）。

子どもに漫画をずっと見せることは、罪悪感を感じるかもしれませんが、もうその枠は取っ払っていいと思います。

漫画も子どもにとっては立派な教材なのです。むしろ親子で一緒に見たり読んだりして楽しむことも、趣味を共有できていいかもしれません！

6 話を聞いてくれると、安心するよ——安心感の高まりは行動力に結びつく

発達障害のお子さんは、日々、「まわりに気を遣う」「情報を聞き逃さないよう集中する」「授業中も別のことに意識がいかないように気持ちをコントロール」しています。ものすごいエネルギーを日々使い、毎日サバイバルをしています。一見元気に見えても、実はけっこう疲れているので、**安心して話せる人がいる**ということはとても重要なのです。その存在によって、子どもは大人が思う以上に、ホッとして緊張の糸をゆるめることができ、元気になれるのです。

ですから、**ご家庭ではお子さんの話を積極的に聞いてあげてくださいね**。できれば、お仕事の手を休めて、リラックスした中で過ごせると最高です。アロマを焚《た》いたり、マッサージしながら話すなども良いですね。

また、家族以外で安心できる人がいるかどうかも、重要となります。学校なら担任

の先生になりますが、もし担任と合わない場合は、養護教諭や教頭先生でも、とにかく少しでも話しやすい人を見つけてあげましょう。無理なら、スクールカウンセラー、それでもダメなら、外部の組織など、親以外の存在を見つけてあげます。

子どもたちは安心できる環境に身を置くと、自然に、自分の意見を言ったり笑ったり、「自分らしさ」を出せるようになります。

安心は自己受容につながり、やりたいことが見つかったり、気持ちを伝えることが上手になったり、障害をカミングアウトする勇気にもつながっていきます。

味方が一人もいない場所に登校することは、子どもにとって不安でしかありません。親も仕事がある場合、学校とのやりとりなど大変だとは思いますが、子どもの四面《しめん》楚歌《そか》の苦しみを考え、まずは小さな一歩でも、動けたらいいのではないでしょうか。

娘は追い込まれた時、「お母さん、学校は戦場なんだよ」と言っていました。わが子に安心できる環境を整えてあげられるのは、親だけなのです。

「安心」であることは子どもにとって「幸せ」なことで、これはものすごいパワーとなるのだなと実感しています。

私たち大人が、子どもたちの安心のために、どのような場を作ってあげられるか、いつも意識しておいてほしいと思います。

せっちゃん先生からのメッセージ！

安心感は、子どもだけでなく、ママ、パパにとっても大切ですよね。

「ただいま〜！」と帰ってくるおうちがホンワカと暖かい空気で満たされていたら、外で感じていた緊張感もゆるみますよね。

「安心できる空間」「心地良いクッション」「好きな食べ物」「お風呂」などもリラックスでき、安心感を与えます。

気持ちをゆるめることで、自然とお子さんとの会話も生まれやすくなるはずです。

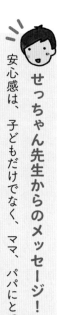

相談できる人がいない
不安
どうしよう
こわい
一人ぼっち

相談できる人がいる
安心
先生
かぞく
ほっとする
やってみよう。
やる気でるよ!

7 ママがなぜ怒っているのかわからないよ
――イライラせず伝えるために

「子どもは私の言ったことを全部わかっている。親子だし、何なら言っていないこともきっと伝わっている」と思っていませんか？

発達障害の子どもたちは、場の空気を読むことや、「しっかり」「ちゃんと」などの抽象的な表現を理解することが苦手です。

親が「さっき、やるって言ったでしょ！」と言っても、子どもの脳内では「さっきって、いつだっけ？」「やるって何だっけ？」と思い出している。

一方のママのほうは話が進んでいて「何でこの子、返事もしないの――⁉」と、怒りがエスカレートしていく。子どもは「え？ 何で怒ってるの」と、思っていることをそのまま口にするものだから、ママは余計「キー！！！」となる（笑）。

特にママは自分が産んだ子どもということもあり、もしかするとパパより「自分と考えや感覚が近い存在」と思い込みがちなのでは？　ただ実際は、親子であってもまったく別の人格です。なので、お子さんと話す時のポイントは、

- **「わかっているだろう」ではなく、気持ちを言葉にする**
- **わかりやすい言葉で短めに伝える**
- **何度かこまめに伝える**

以上の3点を意識するだけで、お子さんから話を聞ける機会が増えると思います。

あと、言いたいことがある時は、「ね、今、話していい？」と言って、いったんこちらに注意を引き、聞いているかどうかを確認することも、とても大切です。

お子さんが適当に「はいはい」と言っている時は、大体聞いていません。ママ、パパの直感をフル稼動させて、「今聞いているかなゲーム」くらいの気持ちでやってみ

てください。

「ママ、パパはこんな言葉を言われたら嫌だ（嬉しい）」など、**日頃から親の気持ちを共有しておくことも効果的**ですね。


私の経験からも言えることですが、発達障害児の子育ては、テキスト通りにはいきません。「え、そんなことする〜!?」ということだらけです。

どんなにかわいいわが子でも、時に子どもの言動にはイラッときてしまうものです。

イライラしそうになったら「ママは今、嫌な気持ちになったよ。イライラしちゃいそう」「そんなことを言われたら悲しい」と伝えてもいいですし、もし感情的になったら、いったんその場を離れて深呼吸するなど、気持ちを切り替えることも、効果的です（220ページ）。

感情的になってしまう時の対応は134ページでもご紹介していますので、参考にしてみてください。

せっちゃん先生からのメッセージ！

親だって人間です。子育てをしていて、イライラしない親はいないと思います。イライラの感情は、実は、「子どもと穏やかに仲良くしたい」という気持ちの裏返しなのです。

マイナスの気持ちを持つご自身を責める必要はありません。プラスの感情とマイナスの感情、どのような感情を持っても大丈夫と、ご自身に伝えてあげてくださいね。

8 明日の準備を忘れちゃう——忘れ物を減らすためにできること

「うちの子は忘れ物が多くて、先生によく注意される」、なんでいつもこうなのかしら、と困っていませんか？

定型発達の子どもたちは、「そろそろ宿題」「そろそろお風呂」など、一日のスケジュールを考えて、優先順位をつけることができます。

一方、発達障害のお子さんは、先を見通すことが苦手で、「明日の準備をしようと思っていたのに、好きなプラモデルが目に入って、そのまま遊んじゃったの」と、過集中になったり、やりたくないことは後まわしにするなど、時間配分がうまくいかないことがあります。

そんなお子さんには、**「視覚的に思い出す工夫をする」「伝えるタイミングを計る」ことで、子ども自身に気づかせることをおすすめします。**

「視覚的に思い出す工夫」としては、たとえば、「机の上にプリントを出すかごを置く」「教科別にファイルの色を変える」などの工夫です。

視覚的に工夫するだけで、子どももわかりやすくなり、やる気がアップします。

また「伝えるタイミングを計る」ということは、次のように、子どもが親の話を自然に聞くタイミングでアプローチするということです。

・集中が切れるタイミングを見つける（アニメを見終わった時など）
・数回に分けて伝える（数日前、前日、当日数回など、軽く何度も伝えることがポイント）

声かけのタイミングは、練習が必要ですが、コツをつかめば簡単です。たとえば、「宿題をするって言っていたのに、まだテレビを見てるな」と思った時、ＣＭのタイミングで、「ねぇ、宿題するって言ってなかった？」とか、「明日の学校の準備はいつならできそう？」など、確認します。
毎回うまくいくわけではありませんが、何回かにわけて伝えることで、記憶に残りやすく、意識がグッと変わります。

他にも、

・タイマーを使って時間を区切る
・好きなテレビ番組を見る前までに、準備する約束をする
・ゲームの対戦が終わった瞬間に話しかける

なども有効です。

とにかく、親の都合に合わせて子どもを動かそうとすると、イライラすることも増え、キツイ言葉になってしまいます。
「子どもが話を聞くタイミングをつかむ」ほうが気持ちもラクになりますし、子どもの自発的な行動にもつながります。

ぜひできるところから、チャレンジしてみてください。

せっちゃん先生からのメッセージ！

発達障害の子どもたちの、「好きなことに対する記憶力」は抜群！　忘れてしまうことは、興味がないことだとも言えますね。

なので、宿題ができたら好きな色や、好きなキャラクターのシールを貼ってあげるなど、子どもが好きなことを取り入れ、興味を持たせることもオススメです！

9 習い事が続かない、自分ってダメだな
——実体験を通して理解する子どもたち

わが子が「習い事を続けられなくて、自分を責めている」、そしてママ、パパは、そんなわが子が「忍耐力がない」と悩んでいる……。そんな親子にズバリお伝えいたします！

「習い事は、どんどん変えてもいい！」です。

習い事にしろ部活にしろ、「長く続けてくことでスキルアップできる。苦手なことも努力すればできるようになる！」など、日本ではど根性精神がまだまだ美徳とされています。

親世代もこのように教えられ、ママ、パパも歯を食いしばって頑張った経験があるのではないでしょうか。

とはいえ、正直、発達障害のお子さんには、このような根性論は通用しません。

「いやいやさせる」ことは、実は逆効果だったりします。

習い事を変えることは、一見、興味が続かないように感じますが、裏を返せば、いろんなことに興味があって好奇心が強いととらえることができます。そしてこの好奇心はいつかどこかで必ずつながっていきます。

ここで、学びのスタイルについて考えてみます。定型発達のお子さんが頭で考えて予想して動く「思考型」だとすると、発達障害の子どもたちは、体験を通して学んでいく「体験型」だと言えるのではないでしょうか。

興味を持ったことは、深く突き詰めていくというスタイルです。頭で考えて立ち止まっていたことも、実際体験することで、「好き嫌い」「やるやらない」などをすんなり判断できるようになります。

なので、習い事だって、どんどん体験していって合わなければやめて、合えば続けていけばいいのです。そうして自分が興味のあることを、どんどん見つけていけばいいのです。

洋服だって合わなくなったら買い替える、料理も食べてみて、好き嫌いがわかる。それと一緒ですね。親もそのあたりを理解しておくと、親子で楽ですよね。

ママ、パパがお子さんに「好きなことがあれば、いろいろやっていいんだよ」と伝えると、子どもはいろんなことに挑戦していくことができますね。

本当に好きなことを伸び伸びさせることで、お子さんが本来持っている才能が開花します。「型にはめず、好きなことを見つける」ことは、お子さんが将来を楽しく生きる力に直結するのです。

最後に「やりたいことをさせる＝好きなものと出会う確率が高くなる」ことで、友達や仲間ができたり、好きなことが進路に繋がる場合も多いに考えられます。

「せっかく〇〇買ったのに！」「会費を払ったのに！」と思うことでも、実は将来への投資なのです。そう思うと、ちょっと気持ちが楽になりませんか？（本当にそうなりますからね！）

わが子に素晴らしい体験をさせたママ、パパ、自分をほめてあげてくださいね！

せっちゃん先生からのメッセージ！

子どもたちのおかげで、私たちも頭が柔軟になっていきますね。子育てにおいて、無駄なことは何もないのです！

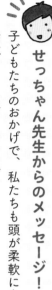

10 バーチャルのお友達だって親友だよ
——新時代の友達の考え方

入学式の時期になると流れてくる「友達100人できるかな♪」という歌や、「みんなと仲良く」という学級目標があるように、日本では、協調性という言葉とともに、友達と仲良くすることは当たり前です。

しかも、大人が友達がいないことを「普通じゃない、かわいそう」と思うことで、子どもたちは「友達のいない自分はだめ」と自己否定をしてしまうこともあると思います。ただ、はっきり言いますと「友達はいなくても大丈夫。無理に作らなくても大丈夫」です。

定型発達の子どもたちは、そんなに気が合わなかったとしても「適当に」相手と合わせることができます。しかし、発達障害の子どもたちは、それが苦手です。気が合わない人とは連《つる》まない、一匹狼的な行動が見られることもあります。

また、無理に相手に合わせて自分の気持ちを押し殺し、多くのエネルギーを使ってしまうこともあります。

●一人でいることが快適な子

一人でいることが快適、自分のリズムでいることが心地良い子どもの場合、その距離感は大切にしてあげたいですね。無理に友達作りを勧める必要はありませんし、必要以上に問題視しなくてもいいと思います。同じ趣味の子がいると、自分から話しかけたりするようになったりします。

●友達がほしい子

本人の言動（場にそぐわない会話や暴言や暴力）が原因で友達を作ることができない場合は、先生と連携して進めてみてはいかがでしょうか。ママ友に話して遊びの場を設定することも可能ですが、子ども同士の自発的な関わりに発展しないことが多いです。学校で気の合う子どもがいない場合は、とにかく子どもがいるところを探す！児童館・学童、地域のコミュニティーに参加してみるなど方法はあります。それでも友達を作れない場合、本人を納得させ、今度は別のこと（遊び、趣味など）に意識を向けさせることがあります。「できることをやってみること」で次に進めるのです。

いずれにせよ大切なのは、子どもの気持ちに寄り添いつつ、「友達になる方法を考える」「友達以外の興味を見つける」ことかと思います。

●いろんな友達のカタチ（バーチャルな友達）

ここで少し、「友達」について確認しておきたいことがあります。親世代にとって「友達」とは、「リアル」に話す、遊ぶなど、仲の良い人のことなのではないでしょうか。

今の時代、「友達」のカテゴリーは幅広くなっている気がします。子どもたち世代にとっては、ゲームを通したバーチャルな人との出会いもあって、そんな中で育む友情もあるということです。

発達障害の子どもたちにとって、このバーチャルでのコミュニケーションの利点としては、チャット機能などのタイピングでの会話になり、相手の言ったことや自分の伝えたいことが視覚化されて確認しやすいということ。また、非言語コミュニケーシヨン（暗黙の了解、目線、仕草から読み取る）が少ないので、対面で話すことより、会話しやすい子もいるということです。

「友達」と一概にいっても、発達障害の子どもたちにとって「友達未満、他人以上」くらいの関係もアリとすると、親子で気持ちも楽になりますね。

「こうあるべき」という見方を手放すと、新しい価値観との遭遇が待っています。

大人も柔軟性を持って子どもたちと接することが求められています。

娘の場合、ゲームを通してバーチャルの友達ができました。私が「リアルに会ってみたら？」と言うと、一呼吸あって、「会うことは、基本ありえない」と娘は答えました。友達とは「リアルに会って話すべき」という概念に囚《とら》われている自分を感じました。

せっちゃん先生からのメッセージ！

友達はいてもいいし、いなくてもいい。その子が、どうしたいのか？　子ども目線で物事を見ることが、大切なのですね。

11 いつもの音が耐えられないことがあるんだ——体調不良、パニックを防ぐために

発達障害のお子さんの中には、**音や光などの聴覚や視覚、肌感覚など、感覚が敏感な子どもたちがいます。**

それは、日常、私たちが気にならないような小さな音から、何かが擦《す》れる音、集会のマイクの音など、聴覚的なものや、太陽や電灯の光、ガラスの反射などの視覚的なもの、肌着や洋服、靴下など、不快に感じる肌感覚的なものなど、いろいろです。そして、それはその場にいられないほどの苦痛を感じるものだったりします。発達障害の子にとっては、日常生活（食事、移動など）に支障をきたすこともあるのです。

そして同じお子さんでも、「昨日は大丈夫だったけど、今日は無理」という場合もあるので、「保健室で休みたいです」と言っても、先生や友達から「これまで平気だったでしょ？　嘘をついているの？　授業を怠けようとしているんでしょ」などと誤

解されることもあります。

日常生活では本当にいろいろな刺激がありますが、それは、発達障害の子どもたちにとって、「溢れる情報（感覚）に溺れないようにサバイバルしている」ということ。エネルギーを使っているということ。まわりにも理解されにくいので、生きづらさを感じることがあるということです。

感覚が敏感なわが子のために親ができることとして、まず、お子さんとの何気ない会話で、**「〇〇が最近気になる。嫌な感じがする」**ということを聞き、メモしておけば、後で参考になるかと思います。

また、体調不良やパニックなどの症状が出た時には、「大丈夫だよ」とゆっくり声をかける、「音がイヤだね。窓を閉める?」など、少しでも気持ちが楽になるように気を配ることが大切です。場合によってはその場所から離れるなど、対応することで子どもは落ち着いていきます。

子どもの症状に応じて、必要なら「医療とつながる」ことも選択肢に入れておくと良いです。学校では先生と情報を共有して、軽減できる方法を探す。たとえば、廊下を走る音が気になるなら窓際の席に移動するのも、解決法の一つですね。

また、光や音であれば、ツール（サングラスやイヤマフの活用など）を探すなど、その子が過ごしやすい環境を整えることも可能でしょう。

もちろん学校側にも事情があるので、すべてを叶えてもらえるかどうかはわかりませんが、学校側としても、お子さんの状態を知っておくことは大切なことです。

同時に、「特別視」「えこひいき」とならないように、クラスでの配慮を学校側にお願いすることも必要になるかもしれません。

現在、国からも発達障害の子どもについての教育的支援をうながす通知も学校には出されており、相談すれば対応してくれる可能性もゼロではないと思います。

ただ学校側に伝える時も、お子さんに、「どのように伝える？　それとも伝えない？」ときちんと気持ちを確認しておきましょう。そうすることで、子どもも安心して学校で過ごすことができます。

せっちゃん先生からのメッセージ！

同じ顔の人がいないように、人の数だけ感覚が存在します。しかし、相手の感覚を、同じように感じることって難しいですよね。

子どもたちが幼いと、言語化も難しいので、ますます伝わらない……。焦ることもあるかもしれませんが、子どもの様子を見ていると少しずつ「あ、これは快？　不快？」と気づけるようになります。

12 好きなことならずっとやっていられるよ
――わが子の好きを伸ばす！

発達障害のお子さんで、このような子は、多いかと思います。子どもたちの好きなもの、興味があること、得意なことへの集中する力、「過集中」は、ものすごいですよね。

お医者さんや学者、俳優など、その道のプロといわれている方に、発達障害の傾向があると聞いたことはありませんか？　「好きなものを、トコトン掘り下げて、考えることができる」発達障害の特性から考えても、納得ですよね。

また、定型発達のお子さんが勉強や習い事など、長時間、集中している姿を見ると、多くの親は、「すごい！　頑張っているね！」と声をかけるのではないでしょうか？

一方、発達障害の子どもたちは、好きなこと（ゲームや漫画などの趣味）に集中しすぎて、寝食を忘れる。日常のやること（宿題、お風呂など）ができないという話も、よく耳にします。「過集中」として、問題視されることが多いです。

ここでちょっと考えてほしいことがあります。それは、大人の価値観で、興味の対象を「良い悪い」とカテゴリー分けしない、ということです。そのように線引きすることは、子どもを小さな箱に閉じ込めてしまうようなものなのです。

特に、発達障害の子どもたちは、大人の予測をはるかに超えたクリエイティブな発想、行動力を持っています。そこに、枠ではめられると、身動きが取れなくなり、自分らしさや才能を開花できなくなります。場合によっては、自信を喪失することもあります。

なので、当事者の親、教師の視点で誤解を恐れず言わせていただくと、**「いろいろなことをとことん好きにさせていい」**のです。

好きなことに取り組んでいる子どもは、楽しい、もっと上手になりたい、もっと知りたいなど、探究する心が育っています。

最後は「無」の状態、スポーツ選手のいうところの「ゾーンに入っている」状態になっていると思います。そこには、比較も不安も世間体もありません。ただただやりたくてやっている。こんなに夢中になれることがある。そして、その過程には、ものすごい思考や感覚を駆使している。

一見、成長や進路に関係のないことかもしれません。それでも、わが子がワクワクしている、心地いい時間を増やしていってあげることが、子どもの「主体的なやりたいこと」につながっていくのです。

せっちゃん先生からのメッセージ！

子どもたちの「好きな気持ち」は、本当に素晴らしいギフトだと感じます。好きなことがまた次の好きなことへとつながっていき、世界はどんどん広がっていきます。親はそんな子どもたちの世界をそっと見守って温めてあげること。そうすると子どもは安心して、全力で好きなことを楽しむことができるのですね。

もちろん、親も子どもと同じように、好きな世界を広げ、楽しんでいく。これもとっても素敵なことです。

13 自分は悪くない！ まわりがおかしい！
――社会のルールを学ばせる方法

発達障害のお子さんと話していて、「え？ 何で急に怒るの？」なんてことはありませんか？

しかし、子どもには子どもなりの理由があります。たとえばですが、

「お腹が痛いので休みたい。だけど休むと授業がわからなくなるし、学校を休むと追加で課題が出る。理不尽だ！」と言っている場合、子どもの気持ちを推察すると、『僕（私）の特性を学校（先生）は知っているはずなのに、先生は「このくらいは大丈夫だろう」と学習させる。しかも休んだら追加の課題が出る。あー、もうお腹も痛いのに、どうしたら良いのー!?』という混乱が怒りに変わるのです。

定型発達の子どもたちなら「休んじゃったんだから課題が出るのは仕方ないか。ま、

いっか」という場面でも、発達障害の子どもたちにとっては、「体調が悪くて休むのに、なんで課題をしなきゃいけないの!?」「いや、それはおかしいでしょ！」と怒るわけです。

「相手の言葉の意図を、違う解釈でとらえ」、攻撃された、否定されたと感情的になっているのですね（怒るだけでなく、落ち込んだりする場合もあります）。

こういう時、まずは、「**子どもの話を聞く**」ことで気持ちを吐き出させて、全体像を把握することが大切です。それも、「**とことん聞く**」「**否定も肯定もせず聞く**」という姿勢が必要です。

そして話を聞き終わったら、必要なら学校やまわりにも、働きかける。学校には、子どもが「**起こった出来事をどのようにとらえているか**」を丁寧に話して理解してもらうことも大切です。

親の役目は「**社会と子どもとの溝をどう埋めていくか？**」を考え、わが子と学校の橋わたしをしていくことです。誤解を解いて、「共存ポイント」を見つけていくわけです。

このようなやり取りを、何度も（本当に何度も）繰り返していくことで、学校の子どもへの理解が深まります。そして、子どもは子どもで次第に柔軟性が出て、「社会ってこんな思考パターンなのね。変なの」というふうに着地点を学習していくようになります。

娘も、以前なら激怒していた場面でも、最近では冷静にとらえ、客観的に分析して話すことが増えています。子どもたちは確実に個々のペースで社会で生きていく術（スキル）を身につけていくのですね。

せっちゃん先生からのメッセージ！

親の役目である子どもと、社会との「橋わたし」は、「通訳」のようなものではないでしょうか。そして、それは発達障害の子どもたちが持っている才能を伸ばすためには必須となります。

それができるのは、わが子のエキスパートの親だけです！

社会のルールを
学ばせるには？
わかってくれない！！
ん－…

『共存ポイント』見つける
子ども
親
社会（学校）
うんうん…
なるほど
橋わたし中

14 新しいことは不安になるんだ——子どもの不安の種を取り払う

発達障害の子どもたちは、初めてのこと（場所・人・体験など）に対して、不安を感じやすいです。それは、教え子たちを見ていても感じます。

たとえば、教室で発表の時間があったとします。定型発達の子どもたちが、「上手に発表するぞ！　ドキドキ！」と思っている時、発達障害の子どもたちの頭の中では「どの順番で発表するの？」「どこに立って発表するの？」「困ったらどのタイミングで先生に言ったらいいの？」「あ、でも、もし先生が遠くにいたらどうしたらいいの？」「途中、気分が悪くなって動けない時、みんなに迷惑かけてしまう」など、様々なことを考えています。実際には、脳内ではもっと複雑に心配要因が思い浮かんでいるはずです。

このようなことが、日中起きている間、特に外で過ごしている時にどんどん起こるわけですから、不安にもなりますよね。そして、そういった不安から体調不調になることもあります。

親がわが子にすぐできることとしては「不安を軽減」してあげることです。

・子どもが不安に感じているポイントを聞く
・事前に発表やイベントの流れを伝える
・困った時の逃げ道を確認する

これだけで、かなり落ち着きます。初めてのことでも子どもなりにイメージがわくのに加え、自分の気持ちを理解してくれている人がいることで、ものすごい安心感につながるのです。

「**きつい場合はやらないでいい**」という選択肢を入れておくと、さらなる安心につながります。

必要な場合は、担任の先生に確認しておくこともいいです。たとえば、「いきなり質問をしたり、指示を出されたりすると不安になりやすいので、事前に紙に書いて確認してほしい」などシェアできると、子どもの不安感はさらに減少されます（担任に相談するかどうかは子どもの意思も確認してから）。

また、不安になった場合、すぐに欠席をさせるのではなく、「どうしたらわが子が落ち着いて臨《のぞ》めるか」を考えましょう。その場にいて、みんなの発表を聞いているだけで、子どもの学びにつながります。

もう一つ、発達障害の子どもたちを理解する上で知っておいてほしいことは、**「失敗することへの強烈な不快感」を持つ場合がある**ということです。

「できない一面を見せたくない」「失敗したら冷やかされる」「注意される」「怒られる」などの気持ちがあるので、「それよりは、やらない」「黙っているほうがいい」などの行動をとる場合があります。気になる言動がある場合は、落ち着いて丁寧にその理由を聞いてあげることが一番です。

他にも、「失敗してもやり直せばいいんだよ」と伝えておくことや、親が失敗した後、リカバリーしていく姿を見せることも、「やり直しのモデル」となります。

せっちゃん先生からのメッセージ！

子どもたちの不安を一つひとつ安心に変えていくことで、子どもたちは自主的に活動するようになります。

普段の行動を子ども目線で見ていくと、「あ、こんな時は不安になるんだね」という、不安ポイントを見つけることができるようになりますよ。

第3章

ママ、パパの「困った」にヒントがある！
せっちゃん先生が答えます！

1 「困った！」はわが子の幸せへつながっている！

発達障害の子を育てていると、様々な困ったこと、悩みが出てきます。私も娘が幼い頃は、毎日異なる悩みを抱えていました。

困ることがあると、早く解決しなくちゃ！　と、焦ってしまうかもしれません。ただ、困ったこと、悩みというのは、裏を返せば**「こうあってほしい」「本来こうありたい」という願望の表れ**です。

たとえば、誰かに意地悪されている場合は、相手に優しくしてほしい、お金がないと感じているなら豊かになりたいという願望が心の中にあるはずです。

発達障害のお子さんの育児を通して、「困った」と感じることも同様です。その裏にはお子さんにこうなってほしい、まわりにこうしてほしい、そして親自身がこうなりたいという願望があるのです。困ったこと、悩みというのは、親自身の願望を知る大事な手がかりなのです。

それを知っていれば、いざ困った場面に出くわしても、冷静に判断することができますよね。

困ったことは「幸せへつながる小箱」と考え、その小箱を開く鍵を一緒に見つけていきましょう!

『困った!』は 願望の表れ
いじわる ばかり…
やさしく してほしい
こんなに よごして!!
きれいに してほしい
また忘れてる
ノート
覚えてほしい

2 子どもの障害を受け入れられない

子どもに障害がある場合、親（時には祖父母も）は、自分のせいなのではと責めてしまうことがあります。

特別支援学校の教師だった私の場合でも、娘に「何らかの特性はあるだろう」と覚悟はあったはずなのに、障害名を告知された時、ショックを受けました。

ですので、障害についてあまり情報がないまま告知された親御さんの気持ちは、言葉にはできないほどの想いであると察することができます。

「うちの子は、まわりとなんだか違うな」と思いつつも、心のどこかで「普通であってほしい」、そう思うことは自然なことです。

ただ、親がいつまでもお子さんの障害を受け入れられず、「頑張ったら追いつけるのでは？」とまわりの子どもと同じような行動を求めてしまったり、〝普通〟に近づけようと必死で子育てをしてしまうと、お子さんは、できないこと、苦手なことを責められ、だんだん苦しくなります。

実はこの**「受け入れられない」という気持ちを抱くことは、特別なことでも悪いことでもありません。**告知された後、障害を受容していく過程について、よく知られているものとして、ドローターらの「障害の受容の段階的モデル」（D.Drotar, 1975）という図があります。これは、障害を受け入れるまでには、「ショック、否認、悲しみ・怒り、適応、再起」の5段階分類があるとされています。ちなみに、5段階の分類とは以下の感情になります。

・ショック：耐えられない衝撃
・否認：事実を認めず衝撃を和らげようとする
・悲しみ・怒り：悲しみ、怒りを他者に向ける
・適応：混乱が鎮まり、子どもを受け入れる自信を持つ
・再起：親としての責任をもち、将来を考えていく

これらは順番通りに移行していくというよりは、波のように行ったり来たり、または同時にいくつかの感情が湧いてきたりしていく中で、時間の経過とともに、障害を少しずつ受け入れることができるとされています。

それだけわが子の障害を受け入れることは大変なことだということです。

もし、ママ、パパが障害について受け入れられない場合は、「あ、今、否認の段階にいるのか。それなら仕方ない」と、自分はどのような段階なのかを知るだけでも、モヤモヤしていた感情を客観的にとらえることができますし、またこれらの感情を抱くのは、当たり前と気づけるだけで、気持ちも少し楽になるのではないでしょうか。

先にもお伝えしましたが、私は特別支援学校で教諭として子どもたちと接していたので、障害の有無や程度に限らず、子どもたちは素晴らしい存在、かけがえのない一つの命と感じていました。もちろんその考えは今も変わりません。

娘が赤ちゃんの頃に違和感を感じた時も「何か障害があったとしても、娘はかわいい、この子はこの子」という気持ちでした。それでも、8歳で「広汎性発達障害の疑い」から、「自閉スペクトラム症（ASD）」と主治医から告げられた後は、誰もいない建物のロビーの隅っこで大泣きしました。

涙がこみ上げて止まらず、泣いた自分に対して「娘の存在を否定しているのではないか？」と、自虐的になったり、医療に対する不信感を抱いたりするなど、感情の波が激しく行き来していたのを今でも覚えています。

障害に対する怒りや絶望感、ネガティブな気持ちなど、あらゆる感情がその後2カ月くらい渦《うず》をまいていきました。

次第に「もう過去を引きずるのはやめよう。娘の可能性を伸ばすよう、幸せになることを選ぼう」と切り替えることができるようになりました。あのようなネガティブな感情をとことん体験したからこそ、今はすべての感情も受け入れて、自分や娘を信じて進むことができていると思っています。ささやかな日常に対しても、ありがたいと感じる私になれたと思います。「持ってはいけない感情」なんて一つもないのです。

せっちゃん先生からのメッセージ！

どのような気持ちになっても、それは人間だから当たり前です。

大丈夫、大丈夫。お子さんを、そして自分を信じて一歩ずつ進んでいきましょう。

3 発達障害をまわりに理解してほしい……どう説明したらいい？

ご近所さん、親戚、学校の先生、場合によっては家族などから、お子さんの育て方について非難されたり、注意を受けたという経験のある方は多いかもしれません。非難する人は、発達障害について理解できていないだけかもしれません。しかし、その人が日頃から子どもとかかわる機会の多い人であれば、折を見て、発達障害について説明し、理解してもらうようにしましょう。

理解している人、応援している人が多いほど、お子さんも安心して過ごせますよね。

昨今、発達障害についてメディアで伝えられることも多くなりましたが、グレーゾーンの子どもを入れると10名に1人が発達障害といわれており、実は、特別に珍しい障害ではありません。

定型発達といわれている子どもでも、それぞれ程度の差こそあれ、神経質、忘れっぽい、感情的になりやすいなどありますよね。「ここからが障害」という線引きが難しい場合も多いのです。

ここでは、特性ゆえに困ることを主に挙げてみます。気持ちを伝えることが苦手（ＡＳＤ）、じっとしていることが苦手（ＡＤＨＤ）、読み書きが苦手（ＬＤ）などがあります。そして、その程度も一人一人違います。また、特性が重複していて、困ることがより複雑化している場合も多いです。

ですから育児書に「発達障害の場合、こう対処するといいです」と書かれていたとしても、「うちの子とは違うな」ということもよくあると思います。

また、発達障害のお子さんが全員困っているかというと、そうでもなく、お子さんによっては成績も良く、人付き合いもスムーズな場合もあります。

●わが子の発達障害をまわりに伝える時

お子さんの障害をまわりに伝える場合ですが、〇〇と言われるのは苦手、うるさい音が苦手など、具体的に伝えます。その際、大事なのは、うちの子は絵を描くのが好きとか、うちの子は歌うのが好きなど、お子さんの良い側面もぜひ一緒に伝えてください。

発達障害については、一度ではなかなか理解してもらえないことがほとんどだと思いますが、折にふれ、長期的に伝えていって、それでやっとわかってくれるかな？くらいの気持ちでいると、少し気が楽になります。

では実際、発達障害についてまわりにどう伝えたらいいかを次にまとめます。

親が子どもの特性（苦手・得意）、配慮してほしいことを書き出す

一番長い時間を過ごす場所が学校です。必要ならば、新学期が始まる前に学校に特性（診断名や集団生活で気になるところ、目が悪い、気が散りやすいなど）や、配慮してほしいことを伝えておくとスムーズです。

「うちの子は○○が苦手だけど、□□すればできます」「いいところは○○です」など、メモやタイピングしたもの（Ａ４用紙１枚でも）があると、学校側とも共有しやすいです。

診断書や検査結果などがあれば、学校は指導の参考にすることもありますが、先生たちは忙しいので、読み飛ばされてしまうこともあります。ですから、しっかり伝えるためには、親が嚙み砕いて、「わが子の**特性や配慮してほしいことを、箇条書きにする、わかりやすく書く**」のがオススメです。

そして、なるべくお子さんがどのように伝えてほしいか、気持ちを確かめながら、伝えていくことが大切です。子どものリアルな気持ち、声を聞いて進めることで、お子さんも自分で人生を切り開く力が育ちます

ママもパパも忙しいかもしれませんが、日頃からＰＴＡ活動、読み聞かせなどに参加していると、お子さんの学校の様子が見聞きできたり、先生とお子さんの話がしやすくなる場合もあります（もちろん、無理のない程度に）。

●ママ友や親戚にはどう伝える？

新学期、親の学級での話し合いや懇談会の場で、保護者への挨拶とともにひと言伝えておくこともオススメです。

たとえば「うちの子は発達障害があって、気持ちを伝えることが苦手なこともあり

ます。でも、明るい子です。何かあったらいつでも教えてくださいね！」と「**何かあれば、親は対応する**」という気持ちを伝え、子どもの特性とともに「良いところ」も伝えればバッチリだと思います。

中には、「うちの子もそうです」と話しかけてくれる方もけっこういます。そんな方とは、つながっていると悩みを共有できる場合があります。

ママ友作りに関しては無理は厳禁。「気が許せて、子どものことを理解してくれる人が一人でもいたら良い」くらいに軽くとらえるようにしましょう。

親戚の場合は、会う頻度にもよると思いますが、子ども同士が孤立しないよう、親きょうだいに話をしておくと子どもも過ごしやすいと思います。

先ほども言いましたが、発達障害の子どもたちへの理解は何度も伝えていく必要があります。興味がないと流されたり、誤解されて受けとられる場合もあります。キーパーソンが理解してくれたら上出来です。

また、子どもの世界は純粋で、遠慮もありません。からかわれたり、意思の疎通がうまくいかないこともあるかもしれません。しかし、そこから、子ども同士の世界

（ルール、言葉遣いなど）を学ぶこともあります。

親や親戚など、大人によって子どもの素晴らしい世界を壊さないようにしてあげたいものです。

せっちゃん先生からのメッセージ！

はじめは、うまく説明できなくても、何度も繰り返すうちに、コツをつかめます。

大丈夫です。お子さんのことを一番理解しているのはあなたです。

ゆっくり焦らずいきましょう。

4 癇癪《かんしゃく》や暴言、暴力がキツイです

一般的に「癇癪」とは激しい感情の爆発で、欲求が満たされないことに対する反応です。

定型発達のお子さんでも、癇癪は乳幼児期からありますが、泣き叫ぶ、両手足をバタバタさせる、物を投げるなどの言動は、成長とともに緩やかになっていきます。

●発達障害のお子さんの癇癪には、理由がある

一方で、発達障害のお子さんは、その特性ゆえの「こだわりが強い」「気持ちを伝えることが苦手」「感情のコントロールが苦手」などの理由から、小学生から高校生、場合によっては大人になっても、癇癪が続くことがあります。

心の中に湧き出る不安や苛立つ思いがあるけれど、その伝え方がわからず、乱暴な

言葉や態度で表現しているのです。

癇癪には必ず理由があります。本人がその理由に気づいている場合もあれば、お子さん自身も気づいていない場合もあります。しかし、その理由を見つけていくことが、癇癪のパターンを理解するカギとなります。たとえば、「部屋が暑すぎる」「寒すぎる」「いつもと違うルーティンだった」「外で子どもたちの大きな声が聞こえた」など、きっかけになったものを大まかにでいいので覚えて（メモして）おきます。

●癇癪が起こった時の、子どもへの対処

お子さんの癇癪に遭遇したことのある方は、その爆発的なエネルギーに、心底ヘトヘトになるのではないでしょうか。

「バカ！」「アホ！」ならまだかわいいほうですが、「死ね！」「使えない！」など、聞いていて胸が苦しくなる言葉を投げられたり、加えて叩く、蹴るなどの暴力が加わる場合もあります。幼少期ならまだ堪《こら》えられますが、成長とともに、体力もついてくると、親が受け止められないことも考えられます。

どうしたらいいのか、お子さんへの対応法です。

・安全の確保

身のまわりにハサミや包丁などの危険物がないかを確認し、あればさりげなく隠します。

・気持ちが落ち着くのを待つ

見守る、話を聞く、頷くなど、お子さんの気持ちに寄り添います。反論すると、火に油を注ぐことになるので、なるべく穏やかに、感情を逆撫《さかな》でしないよう意識します。

・落ち着いてきたら

お子さんが、「それが嫌だったの！」と言ったら「そっか、それが嫌だったんだね」と子どもの言葉を繰り返し、共感します。「あなたのそのような気持ちに気づいてあげられなかった。ごめんね」と素直に謝る時があってもいいかもしれません。

実際は、お子さんの様子を見ながら、臨機応変な対応が求められます。

とにかく**「癇癪を起こしているお子さんと同じ土俵に立たないこと」**。

さっきまでご機嫌だったのに、「えー！　今、癇癪⁉」と戸惑うことも多いですよね。

お子さんによっては、怒りが沸点に達するまで1秒とかかりません。あとで振り返ると「あ、いつも使っているのと違う歯ブラシだった」とか「あ、いつもと違う帰り道だった」など理由がわかることもあるのですが、親も完璧ではありません。うまくいかない場合もありますが、あまりご自身を責めないでくださいね。

とはいっても、癇癪を目の前にして、親も感情的になってしまうことは、どうしてもあります。次の項では、そんな感情をどうしたらいいの？　子どもたちの癇癪から、ママ、パパが身を守るスキルについてお伝えしたいと思います。

最後に、私の娘も癇癪はまだありますが、幼少期に比べ、怒りのコントロールができるようになっています。

怒りつつも、自分で気を逸らそうとしたり、癇癪のきっかけを作った私の言動を瞬時に分析していたり……、落ち着くことが早くなってきています。

そんな娘の成長を横目に、私は疲れている時など素直になれず、「でも母は、こう思ってるの！」と意地を張り、娘とバトルが長引くことがあります（とほほです）。

トライアンドエラー、気長にいきましょう！

せっちゃん先生からのメッセージ！

練習していくと、だんだん、お子さんの癇癪や暴言の引き金になる地雷の場所がわかってきます。それを踏まないようにするのも、コツですね！

乱暴なタイド
同じ土俵に立たない！
安全確保…
うんうん…
子どもたちには
理由がある。

5 どうしても子どもに感情的になってしまいます

お子さんの癇癪、暴言などに対応している時、親として「感情的になってはいけない」と頭で理解していても、思わずカチンときて、言葉を荒らげたり、手をあげてしまう場合もあるでしょう。

そのような経験をお持ちの方は、少なくないと思います。私もそうでした（今でもたまにガチンコ喧嘩をしてしまいます）。

綺麗ごとではなく、実際にどうしたらいいのか、この項のお話が少しでもお役に立てたらと思います。

まず、このような場合は、前項でお話しした「癇癪が起こった時の子どもへの対処」をするとともに、「**親の気持ちのコントロール**」をすることで乗り切りやすくなると思います。

さて、その前に、いきなりですが、質問です！

「不安や怒りなど、ネガティブな感情というのは、悪いものでしょうか？」

「イエス！」と言いたくなりますが、答えは「ノー」です。一般的には、ポジティブという言葉だけが良いことのように言われていますが、何度も言っているように、**ネガティブな感情とは、願望の裏返しの感情**なのだということ。

ネガティブな感情とポジティブな感情とはつながっていて、たとえば、「イライラする！」「もう嫌だ！」というネガティブな感情は、「楽しく過ごしたい！」というサインなのです。

無感情の人は、幸せや怒りなどの感情にも気づくことはないのではないでしょうか（そのような人は、なかなかいないと思いますが）。

つまり、幸せを感じる感度が高い人が、怒りの感情も感じることができるのですね。

「怒れる私って、幸せへの切符を手に握っているのね！」と思うことができれば、「ま、いっか」と気持ちが楽になりますよね。

そもそも人間は不安を感じる能力があることで、危険を回避して生き延びてきました。ネガティブな感情になりやすい人は、生存能力が高いのかもしれません。

とはいえ、怒ることとは、良い気持ちではないですよね。そこでネガティブな感情になった時の解消法をお伝えします。

ズバリ名づけて「気を逸らす大作戦！」です。実はこれが気持ちを穏やかにするかなり強力で、一番労力の少ない方法なので、私もよく実践しています。

●親の気持ちのコントロール

ステップは2つあります。

・ステップ1　ネガティブな感情に気づく

「あ、今、怒りモードのスイッチが入った！」とご自身の感情に気づく。ふっと自分を客観的に見ることができて、少し落ち着きます。

・ステップ2　気を逸らす

ネガティブな感情に気づいたら、とにかく深呼吸！　2、3回大きく、ゆっくり深く呼吸します。それだけで、だいぶ落ち着いてきます。

深呼吸はすぐにできて、気持ちが整い、即効性があるので、とてもおすすめです。

もし心に余裕があったら、子どもの話を聞いている体で、好きな食べ物や、好きなアーティストのことを考える。そうして気を逸らすことで、ご自身の怒りのスイッチが入りにくくなりますよ。


なんだか簡単で、拍子抜けしましたか？

131ページでもお話ししましたが、とにかく、感情的になっているお子さんと、同じ土俵に立たないことが大事です。

練習が必要ですし、失敗する、効果が感じられない場合もあるかもしれませんが、大丈夫です。少しずつ練習していくとだんだん、コツがつかめてきますよ。

もちろん今回ご紹介した方法は、完全攻略法ではありませんし、お子さんによっては、別の言葉かけや対応が必要な場合もあります。

多くのママ、パパも苦戦しながら、今まさにわが子の攻略法を見つけていると思います。

このように日々考え、実践することは、「**わが子が何をどう感じているのか？何が心地良いのか？**」に気づける大チャンスでもあるのです！

せっちゃん先生からのメッセージ！

ネガティブな感情を持つことを責めないでくださいね。ネガティブな感情が子どもへの願望を知るきっかけになると考えると、ちょっと楽しくなりませんか？

6 ほめることは大事？ほめ方がわからない……

発達障害の子どもたちは、その特性から「また、忘れ物して！」「じっとしていなさい！」「また空気を読まないで……」など、先生や友達からも注意されたり、勘違いされてつらい思いをすることが多いです。はじめは伸び伸びしていた子どもたちも、失敗体験が重なっていくことで、自分のことが嫌いになっていくこともあります。

ほめられて嬉しくない人はいません。ほめることは、親子のコミュニケーションの潤滑油になります。

ですから、「宿題できたね、やったね！」「手伝ってくれてありがとう」「丁寧に字が書けて読みやすいね」など何でもいいので、日頃から「ポジティブな言葉のシャワーを浴びせる」ことがとても大切です。

ポジティブな言葉は、子どもたちのビタミン剤となって元気、自信に直結します。ただ、お子さんの自己肯定感や自立心を高めるほめ方にはコツがあります。

●ほめ方には3つの方法がある

①「できたこと、やったこと」をそのままほめる

低年齢であれば、「○○できたね、すごい」と、できた瞬間、具体的にほめるといいです。またこの時、感情も一緒に伝えると「あ、これが嬉しい感情なんだ」と気づくことにもなります。低年齢のお子さんによく使えます。

②やった過程をほめる

成長とともに、「作戦の立て方が面白いね！」「この色彩、とても綺麗だね！」など、工夫点や、取り組んだ過程もほめることが大切です。他にも、「助かったよ」「ありがとう」と声をかけたりする方法もあります。

③非言語でほめる

言葉かけ以外にも、ハグする、頭をなでる、ハイタッチなど、接触する方法や、アイコンタクトで頷く、見守るなどの方法もあります。発達障害のお子さんは、非言語コミュニケーション（目配せ、空気を読むなど）が苦手と言われています。ただ、個人差はあれ、家庭や学校での体験を通して、コミュニケーション能力は確実に高まっていきます。ですので、非言語でほめることも有効です。

●ほめ方を迷った時は？

ほめるイメージがつかみにくい場合は、「もし私だったら？」と、ご自身に置き換え、「子どもの気持ちを体感する」とわかりやすいですよ！　さあ、お子さんの年齢になったつもりで、想像してみましょう。

たとえば、幼稚園児がお茶椀を洗ってくれたら〝すごいねー！　よくできたねー！〟と声をかけますね。一方で、高校生がお茶椀を洗った時、同じように言われると、バカにされていると感じるかもしれません。それよりは、「ありがとう！」のほうがしっくりきますし、嬉しいかもしれません。

このように、子どもの対応に迷った時は、「自分ならどっちがいいかな?」と考えると判断しやすいです。わが子の「ほめスイッチ見つけるゲーム!」くらいの感覚で、トライアンドエラーで軽くやっていくのはいかがでしょうか?

●残念なほめ方

大人の都合でほめることは避けたいですね。たとえば、いい点数を取ってほしい、いい学校に行ってほしいなどの願望を叶えるために、お子さんをほめてコントロールしようとすると大体うまくいきません。挙げ句の果ては、「いい点数を取らないとダメ」「負けた自分は最低」なんてことになりかねません。

子どもをほめる時は、「目の前の子ども」を見て、一人の人間として、リスペクトの気持ちで対等に接していくことが、とても大切です。

せっちゃん先生からのメッセージ！

「ほめる」ことを難しく感じたら、「自分だったら」と考えるとわかりやすいですね。自分が言われて嬉しいことは、お子さんにとっても嬉しいはずです。シンプルですね。

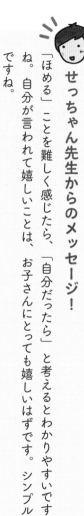

7 かまってちゃんになって大変！

忙しい時に、「ママ見て〜！　聞いて〜！」……、お子さんが小さい時はよくありますよね？　忙しくてついつい「はいはい、あとでね！」などと言っていませんか？　きょうだいがいる場合は、なおさらです。

理由は２つ考えられます。

一つ目は、**子どもの心が満たされていない場合**。

発達障害の子どもたちは、日々、情報の波にもまれ、かなり気を張って生きています。なので、ママ、パパと話をして、気持ちを吐き出すことができると、不安やストレスの解消になります。また、自分のことをちゃんと受け入れてくれる、自分の居場所はここなんだと、受け取ることもできます。

彼らにとって話を聞いてもらうことは、大人が思う100倍の安心感を得られるのですね。なので、話すことが不十分だと、子どもは不安になり、かまってちゃんになるのです。

2つ目は、**単純に話がしたい。**

発達障害のお子さんの中には、好きなことに対して、話したくてたまらない、話しだすと止まらないお子さんがいます。

忙しいとゆっくり話を聞いてあげるのも難しいかもしれませんが、話すことが大好きなお子さんにとっては、話すこと自体がストレス発散です。また、吃音があるお子さんは、ご家庭で楽しく話すことで、話すことの自信につながったり、滑舌《かつぜつ》が良くなることもあります。

お子さんの場合はどうでしょうか？

親が「あれ？　なんか最近、かまってちゃん攻撃が激しいな」と感じた時は、ぜひご自身の数日の言動を振り返ってみてください。

お仕事、残業していませんでしたか？　お仕事や家事でてんてこ舞いになっていませんでしたか？　お子さんと話す時間はありましたか？

もちろん日頃から、「大好きだよ〜」「いつもありがとうね！」などと、気持ちをダイレクトに伝えることで、子どもはとても安心し、満たされます。

個人差や年齢にもよりますが、ハグ、握手、頭なでなで、マッサージ、なんでもいいので、スキンシップをしていくことは、親にとっても癒しとなりますし、子どもの体調の変化にも気づきやすくなります。

せっちゃん先生からのメッセージ！

子どもたちの「かまってほしい」という表現は、親への無条件の信頼の証《あかし》とも言えますね。

"かまってちゃん"になって大変!
それでね あれがね! ねーねー
ねーママ ねーねー!..
ふりかえってみる
ママー
まってね
忙しかったな…。
ハグしてあげよ

8 ずっとゲームをしていて、注意してもやめません

発達障害のあるお子さんがずっとゲームばかりしているという話は実際よく聞きますし、育児書にもママ、パパの悩み事としてよく書かれています。

さて、ここでは子ども視点でゲームばかりする現状を分析し、親はどうしたらいいのかをみていきましょう。

なぜゲームばかりしているのか？

子どもたちにとって、面白くてやめられない場合や、自分自身が抱えている不安や苛立ちがある時に、ゲームで気持ちを紛らわせている場合があります。

●ゲームは悪でしょうか？

さて、ママ、パパはゲームに対してどのようなイメージがありますか？ほとんどの親御さんが「ゲームは遊び、それよりは勉強や読書など、将来のためになることをやってほしい」と思うのではないでしょうか？

発達障害のお子さんの良い側面の一つに、「**高い集中力**」があります。「過集中」ともいわれますが、この集中してできることは、その子の「才能」です。好きなことがある、得意なことがあるということは、将来への大きな自信に直結します。もちろん、ゲームも同じです。

さて、ここでゲームをすることで子どもに何が起こっているか、挙げてみましょう。「パソコン操作、タイピングの上達」「アルファベットの理解」「手指訓練」「検索能力の向上」「仲間とのやり取りによるコミュニケーション能力の向上」「チャットをするために会話の文章を考えるなど、日本語の上達」「ゲームスキルの向上」「自己肯定感や自己有用感の向上」「自発的な行動」「やり直す力（レジリエンス）」など、簡単にざっと挙げても、これくらいのことが考えられます。

これ以外に私が知らない学びもきっとたくさんあります。これを、自分で開拓してスキルアップしているのです。これぞ生きる力！　主体的な学びだと思いませんか？

もちろん、昼夜逆転になったり、集中しすぎてご飯を忘れたりなど、生活リズムが狂って、いわゆる「普通」の生活ではなくなる場合もあるでしょう。

しかし子どもは、案外冷静に自身を見つめています。そして必要になれば、生活リズムを整えていきます。親はひと言アドバイスや、小言を言いたくなりますが、わが子の力を信じて、温かく見守ってみてください。

頭ごなしに、「ダメでしょ！」と言わずに、わが子はどのような気持ちでゲームに集中しているのか、何か抱えていることはないのか？　一度立ち止まって考えてほしいのです。

子どもにゲームのどのようなところが好きなのかを聞いてみるのもいいと思います。

そして、たまには「ゲームしているのを隣で見ていてもいい？」「パパにもちょっとさせて!」など、ママ、パパが一緒にゲームの世界に興味を持ってみると、子どもの気持ちが見えてくるかもしれませんし、なにより子どもも喜びます。
ただ、親としてやってほしいこと(食事や水分補給、勉強など)を、サラリと伝えることもポイントです。

時代は目まぐるしく変わっています。これからは、親世代が成功と思っている人生モデル(「良い学校に進学」「お金持ちが幸せ」など)は、もう古いのかもしれません。そして障害の有無に関係なく、子どもたちがこれからの新しい時代(仕事や生き方など)を作っていきます。**親もこれまでの固定概念を捨てて、「柔らかく気軽に生きていく」時代**なのです。
親子がお互い、やりたいことをやっていれば、お互いにストレスなく、機嫌がいい状態になります。そうすると、たとえ子どもが癇癪を起こしても、ゆったり接する余裕も生まれます。

「ゲームはダメ!」と頭ごなしに注意するのではなく、親がどうしたいか、どのような子どもになってほしいか、わが子に合っている環境とはどのようなものなのか？

ひと呼吸おいて、その見極めをすることが大事だと思います。

子どもを信頼できる人は、自分のことも信頼できる人だと思います。子育てって、結局自分育てなのですね。

親子で人生を好きに心地良く、ご機嫌で生きよう！

大事なのはそれだけなのです。

せっちゃん先生からのメッセージ！

わが子の「なんでそんなことするの？」と思うことでも、いい面はきっとあります。

私たちは、楽しむために、幸せになるために生まれてきたのです。親子で、「どっちのほうが好きなことができるかゲーム」です。

ゲームばかりしている

ように見えて…。

主体的な学び

生きる力!

9 宿題や勉強をしないので困っています

お子さんに勉強を「させる」ことが、ストレスになっているご家庭はけっこう多いのではないでしょうか。

家事や仕事の合間に宿題をやっているかどうかを確認したり、わからないところを教えたりと本当に大変ですよね。勉強が苦手なママやパパは、苦痛を感じる方もいらっしゃるでしょう。

もちろん発達障害であっても勉強が得意なお子さんもいますが、勉強に苦手意識のあるお子さんのほうが、多いと思います。

特性別にざっくり例を挙げてみます。

・他のことが気になり、宿題があることを忘れてしまう。またはやる気にならな

い（自閉スペクトラム症）
・じっとしていることが苦手、宿題があることを忘れてしまう（ADHD）
・字を書くことや計算など、意味がわからない（LD）
・授業中、チックが出ないか気になり、集中できない（チック）
・質問したいけど、どもったら恥ずかしいから、やめとこう（吃音症）

このように、発達障害のお子さんの勉強苦手の背景には、様々な理由があるのです。

つまり、発達障害のお子さんで勉強が苦手な場合、「**宿題や勉強をしないのではなく、宿題や勉強をしたいけれどできない**」ということもあるのです。日々、その連続、そう考えると、宿題や勉強自体に興味がなくなることも理解できますよね。

それなのに「勉強しなさい！」と、親や先生から注意されると、子どもは勉強ができない自分が悪いと責めてしまいます。

場合によっては宿題や勉強が負担になり、学校に行きたくないと言いだす場合もあるでしょう。そうなると学びの場であるはずの学校なのに本末転倒です。

わが子が「何につまずいているのか」を知ることは大切です。ただ、どんなに子どもの様子を見ていても、ご家庭ではわからないこともあるので、できれば担任の先生に授業中の様子を聞いて、困っていることはないか、配慮してもらえることはないか、次に挙げるポイントを確認できるといいでしょう。

●学校にお願いしたいポイント

・子どもの勉強の得意な点、苦手な点
・視覚的にわかりやすい図や動画の活用
・わかりやすい板書の工夫（文字の大きさ、ポイントに下線を引くなど）
・座席の配慮
・事前の授業の資料配布
・子どもの力に合った宿題の内容と量

など。

「わが子だけのために学校にお願いするのも申し訳ないな」という気持ちがあるママ、

パパもいらっしゃるかもしれませんね。

しかし、実は、発達障害の子への学習支援や掲示物、座席のレイアウトの環境整備は、障害の有無関係なく、すべての子どもたちにとっても理解しやすいのです。

わが子のためだけではなく、「みんなのため」と、自信を持って伝えると良いでしょう。

また、ご家庭でも次のような方法で子どもをサポートしてあげると、子どもたちは学習しやすくなります。

・色付きクリアファイルに「宿題」と太マジックで目立つように書き、ランドセルにも、宿題を入れる場所を指定しておくことで、宿題の持ち帰り忘れの防止に

・ママの近くで宿題をさせることで、お互いに声かけがしやすく、様子もわかる

・子どもが上手にできているところを見つけてほめる！

「プリント出すことできたね！」「1行書けたね」など、お子さんやったことを見つけてあげてください。

お子さんの特性をとらえ、興味を引き出す学習環境が整えば、勉強の仕方に気づきます。学ぶ土台作りができるのです。そうすると学ぶ意欲が格段に上がります。

お子さんの困っている点を伝え、環境を整えてあげられるのは親だけです。一気に進めようとせず、ベイビーステップで、ゆっくり進めていきましょう。

最後に、いろいろ配慮しても工夫しても、勉強に興味がわかない子がいます。

私は、そんな子たちは、「興味のわく学び方に出合えていないだけ」だと思います。

事実、子どもたちの興味のあること、得意なことへの学びはすごいですよね。大人はそのことを頭の隅に置いておき、「**勉強ができなくても幸せになれる**」という気持ちをママパパが持っていると子どもたちも気持ちが楽になりますね。

せっちゃん先生からのメッセージ！

学びは、勉強だけでなく、日常の中にもある！

どんな体験も学びです。そんな視点を親も忘れないように、子どもたちの成長の芽を育てていきたいですね。

10 何度言ってもお風呂に入らないんです

お風呂に限らず、歯磨き、爪切り、着替え、部屋の片付けなど、身につけてほしい生活習慣はいろいろあると思います。ただ、発達障害の子どもたちは、それをやらない、やれないことが多いです。

ここでお子さんの視点に立ってみましょう。子どもたちがやらない理由として、その生活習慣に「**必要性を感じていない**」場合と「**感覚的に無理**」な場合があると考えられます。

① 必要性を感じていない

たとえば「清潔は大切」「お風呂は毎日入る」「ご飯を食べた後は歯を磨く」など、大人が「普通」と思っていることや、一般的に常識とされていること。それも、発達障害の子どもたちにとっては必要性を感じないのでやらないのです。

発達障害の子どもたちと接する時に大切なのは、こちらの常識のメガネで子どもたちを見ないことです。

② 感覚的に無理

水があたるのがイヤ、シャワーの水が肌にささるような感じがしてイヤ、お風呂場の湿度がイヤ、脱衣所が寒くてイヤなど、子どもが感覚過敏のため、お風呂に入ることができないという場合もあります。幼い頃は気づいていなかったり、または言葉にできないので、まわりからは「やらない」行動として映るのです。

感覚過敏については98ページでも書きましたが、同じお子さんでも、日によって感じ方が変化するなど、微妙な場合もあります。なので、日頃から、子どもが何気なく出しているサイン、たとえば、いつもの服を着なくなった、肌がチクチクすると言うようになった、特定の音が耐えられなくなったなど、子どもが発する感覚に関する言葉を少し意識して覚えておくと、参考になります。

どちらにしても言えることは、とにかく頭ごなしに「お風呂に入りなさい！」「ダメでしょ！」などと、しつこく言わないことがポイントです。

怒鳴られると、「絶対やらない！」と逆効果になることも考えられます。

また、「○○しないと鬼が来るよ」「病気になるよ」など嘘をついたり、無闇に不安にさせるなどは避けてくださいね。

お子さんに「なぜやらないのか」を聞いて、話し合う時間を持つなど、まずは子どもの気持ちを確認する。そして「お風呂に入ることがなぜ大切なのか」を伝えていくといいですね。

具体的には次のように、できることを伝えると良いです。

・お風呂に入らないと、かゆくなったり、臭くなるって知ってた？　などと伝える

・女子なら温水洗浄便座の使用方法を教える

・「○○（好きな歌手とか）も清潔な子が好きだと思うよ〜」。ベタですが、これもアリです！

そして、これが最大のポイントですが、親が、

「この程度では死なない」

という気持ちで、許容範囲をググーっとゆるめ（広げ）て見守っていると、子どものほうから、「お風呂入ってくるね」と言ったりします。

子どもの世界観、価値観に近づくには、まず大人が今までの人生で「こうあるべき」と身に纏《まと》ってきた洋服を、一枚一枚脱いでいくように、常識にとらわれず、ニュートラルな視点で子どもたちと接していく必要があります。そうすることで、子どもの行動も変わっていきます。

成長に伴い、親に言われて動くことへの反発も出てきますが、子どもが自発的に動くまで、子を信頼して待つ。待つ時も、「まだかな、まだかな」とイライラして待つのではなく、コーヒー片手に、雑誌でも読みながら、ゆったり過ごしていたほうがい

いのです。

発達障害の子どもの育児でのキーワードは、親子で「**ストレスフリー**」。

日々、緊張を抱えがちな子どもたちの心がいかにゆるみ、自分で自分のやりたいことができるかは、とても大切なことなのです。もちろん、ストレスを抱えがちな親にとっても同じです。親子でストレスをためないことが一番なのです。

せっちゃん先生からのメッセージ！

子どもを信頼して見守る。まずは親の忍耐力が必要です。はじめはイライラしても、練習すればできるようになります。

親子で、ストレスフリーを合言葉にしましょう。

お風呂に入らない…。
コラー!!
ヤダね!
親の
許容範囲を広く!
(ゆるく)
まぁいっか‥
お!
はーい
おふろする〜

11 偏食があって心配

発達障害のお子さんの偏食の話もよく見聞きします。偏食と一口にいっても特定の食材や食感が苦手だったり、体調や日によって好き嫌いが変わったりと様々です。子どもたちの感覚過敏について考えると、嗜好が変化することも納得できますが、食事は生死に関わることなので、親としてはどうしても気になります。

日本人は食への意識が高い国民で、給食のある幼稚園や小・中学校では栄養バランスもきちんと考えられています。

給食指導として「三角食べ（主食、汁物、主菜をバランスよく食べる）」「時間内に完食する」「黙食」というのもありますね。そのような食文化が「普通」とされている生活は、発達障害の子どもたちにとって、ハードルが高い場合があります。

お子さんの偏食の理由として、「食感が苦手で残した」「食べることに興味がなくて残した」「噛むことが面倒くさい」「量が多くて時間内に食べられない」「食べる姿を見られたくない」などの理由があります。

子どもによっても様々ですが、必ず理由はあります。そのような時は、わがままで食べないのではなく、子どもの特性としての食の傾向であることを、担任に伝えることが大切です。

●食べる時の子どもの気持ち

子どもは成長に伴って、自我の芽生えと共に、食べたい、食べたくないという判断で食事を選ぶことが増えます。

食べたくないのに、「食べるまで席を立たせないわよ」などと言ったりすれば、「食べることに嫌気がさす」ことになります。

栄養バランスも大事ですが、親が目を三角にして、「体にいいのだから食べなさ～い！」と言っても、正直、「嫌だ」と言いたくなりますね（笑）。

ですから、ご家庭では、食事を決める時には、**「今日は何食べたい？」、もしくは**

「今日のメニューはカレーかシチュー、どっちがいい？」と聞いてみてはいかがでしょうか。

子どもの食べたいものなので、食べてくれる確率が上がります。私は、一時的であれば、毎日ラーメンの場合だってありだと思っています。

なぜなら、健康に悪いでしょ！　と喧嘩しながら子どもに食べたくない料理を食べさせるより、一般的に不健康と言われるものでも、お子さんが「あー、おいしかった、ご馳走様！」と気持ち良く食べてくれたほうが、栄養になるし、元気になると思うからです。

また、子どもたちの「**食べたいものは変化する**」と覚えておくと気が楽になります。食べることに興味がない子どもの場合「1日の食べる回数も量もゆるめに設定する」「給食で食べられなかったら残してもいい」という子育て方針を親から先生に伝えておくと、親子で気持ちが軽くなります。

実はこの考え方は、食以外でも活用できます。「こうあるべき」「まわりのママがやっているから」と、正しさや行動を、まわりの基準で選択しているとつらくなることがあります。特に発達障害のお子さんを育てている場合、「こうあるべき」の子育てでは親子ともに苦しくなります。

私は、**わが子は何が心地いいと思っているのか、何であれば納得するのか、日々感じてあげることが、何より大事**だと思っています。

ぜひ、ご自身のアンテナを信じて、お子さんの食事の好みを全肯定してあげてくださいね。

実は、高校生になって娘の偏食がいきなり始まったことがありました。しかも今日食べたのに、次の日は食べない……。

最近、彼女が言ったのは「小さい頃は、お母さんが出すものは当然食べるものと思って食べていたけど、今はおいしくないもの、食べたくないものは、食べなくてもいいということに気づいた」と話していました。

はじめは親として、健康を害しないか動揺しましたが、「そうか、これも娘が心地いい、悪いに気づくことができるようになって、そのことを言葉にして伝えることができるくらい成長したんだ！」と、感動しました。それ以降、基本的に食の選択は彼女に任せています。

せっちゃん先生からのメッセージ！

どのような食べ物も「食べたいものを食べる、ありがたくいただく」。これだけでいいと思っています。実際、そのほうがおいしいのです。世の中の「こうあるべき」はもう卒業していいのです。

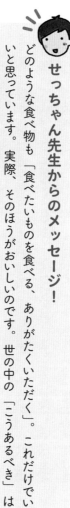

子どもが納得して食べることが大事！
おいしいね！
うん！
あ〜おいしい！

12 お小遣い、お金の使い方、どう教えたらいいのかな？

そろそろお金について学んでほしいけど、お小遣いはどうしたら良いのか？　何歳から？　いくら？　と悩んでいるご家庭も多いかと思います。私も悩んでいました。障害の有無に関係なく、子どもたちの、お金に対する興味も個々で違います。金額設定も物欲や交友関係の有無でも変わってきます。

まず、お金については、発達障害のあるお子さんはリアルな体験のほうが理解しやすいので、小さい頃から、お金に触れる、必要性を感じる場面を作ることはとてもいいと思います。

お子さんがお金に慣れる方法として、

・親と買い物にいった時、商品の値段を一緒に確認する

・レジで現金の支払いの体験をさせる

などがあります。これによって、お小遣いを通して、お金は何かほしい物（体験）と交換できるチケットということを教えるわけです。

また、お金があると、ものが買えるということだけではなく、おいしいものを作ってくれる人がいて、おいしいものが買えるお店がある、そのおかげでおいしいものを買えることができるということも、日頃から話していると、経済の流れを意識できたり、他人への感謝の気持ちも芽生えてきます。親が支払いの時、店員さんに「ありがとう」と言う姿を見せることもいいですね。

そして、金額も含め、折を見てお小遣いについて、どう思っているかを話す時間を設けるといいかと思います。「お小遣いがほしい子」「お小遣いはいらない子」がいます。それによってお小遣いの金額も変わってきます。

お小遣いのあげ方ですが、

・毎月定額制とし、学年が上がるごとに金額を上げる

・友達と遊びに行く時に必要な金額を渡す
・お椀洗いや洗濯物干しなどお手伝いをしたら支払うアルバイト制

などがあります。

どういう方法であげるのか、決める時に気をつけることとしては、駄々をこねられるなど、子どもの要求によって、すぐに内容を変えないことです。

なぜなら、「駄々をこねると親は言うことを聞く」と思ってしまうからです。ですから、**一度決めたら数カ月は継続して、必要なら親子で見直す余白を作っておく**といいでしょう。

また、**「よそはよそ、うちはうち」**と事前に伝えることも必要です。親もゆったりかまえ、家計に無理なくできればいいと思います。

また、お金は絶対的な存在とか、減ったら怖いというような価値観をゆるめていくことも大事です。

なぜかというと、「お金がないと大変！　不幸になる！」など、お金を絶対的なものにしてしまうと、身のまわりにある小さな幸せ、豊かさに気づけなくなり、視界が狭くなる可能性もあるからです。ですから、お金について教える時は、身のまわりの「プライスレス」なこともセットにして伝えてあげてください。たとえば、

「空気」「健康」「家族の笑顔」「友達とのおしゃべり」「自然」「一人でのんびりカフェタイム」

これらはいずれも、ない人からしたら値段がつけられない、高いお金を出してでもほしいものなのではないでしょうか。私たちは、すでに値段がつけられない、プライスレスな豊かさをたくさん持っているのです。

● お金を使う時の心得を教える

子どもに障害があると、将来を不安に思い、子どもに「無駄使いはいけない」「ちゃんと貯金するんだよ！」と言いがちですが、人生を豊かにするには、気持ち良く使うことを教えることも大切だと思います。

「金は天下のまわりもの」という言葉もありますが、**お金を貯めるだけでなく、「必要な時には使う」という、お金を回す感覚も身につけていくといいです。**

他の人から見たら無駄に思えるような物でも、子どもにとっては気持ちが昂《たかぶ》る嬉しいものかもしれません。そしてそれが子どものワクワクにつながっている。

たとえどんなものでも、これは無駄ではありませんね。親の価値観で決めつけないことも、大切なことです。

せっちゃん先生からのメッセージ！

お金を使うことは、楽しいですよね。その感覚に気づくと、子どもはお金に対して怖がらず、ポジティブにとらえ、自然と、「将来、あれもほしいな、こんな部屋に住みたいな。自分もお金を生み出せるようになろう」と思うようになります。

13 子どもと担任の先生が合わないみたい

特に小学生の場合、担任の先生は、親よりも長い時間を一緒に過ごすことになります。ですから子どもにとって先生は心の拠《よ》り所であってほしい存在です。ただ、その担任がお子さんの特性を理解できていない場合、それこそ死活問題です。

最近、メディアでも、発達障害について頻繁に取り上げられるようになったので、言葉としては広く知られるようになったと思います。

ただ発達障害と一括りに言っても、その特性や程度は様々で、障害が重複する場合は、両方の特性を持っています。また、発達障害の子どもが全員困っているかというと、そんなことはなく、勉強ができ、人付き合いもうまくいっている場合もあります。

担任の先生がどこまで発達障害のことを理解できているかわからない場合は、ママパパが新学期にお子さんの特性について伝え、先生をリードしてあげるくらいの気持ちでいたらいいと思います。

●担任の先生と合わない時に親ができること

①子どもの話を聞く

子どもが幼いほど、「先生のことを悪く言ってはいけない」「親に心配をかけてはいけない」という気持ちもあり、なかなか話してくれない場合も考えられます。安心できる雰囲気を作って、「学校はどう？　担任の先生とはうまくいってる？　（合わないならば）どんなところが合わないの？」と聞いて、困っているところを子どもと共有します。

②記録を残す

お子さんが、担任の先生の悪口を言うこともあるでしょう。鵜呑《うの》みにせず、じっくりと聞いていきます。また、先生の言動が、みんなに対するものなのか、わが子に集中していることなのかも意識して聞くようにします。

気になることは、日付と内容をメモに残しておくと、後々何かあった場合に、学校とも共有しやすいです。もちろんボイスメモやスマートフォンの動画で記録をとっておいてもいいです。これらは、学校を攻撃するものではなく、現状を伝え、子どもが安心して過ごすためのものです。

発達障害の子どもたちは、合わない環境にいると、心身ともにバランスを崩していきます。子どもの様子をしっかりと観察し、わが子に必要なことであれば、「こんなことしたらモンスターペアレントと言われそう」などは気にしなくていいのです。

③学校（先生）に伝える

たとえば「先生の大きな声が苦手」なら、担任には「大きな音が苦手なので、授業中は耳栓をさせて良いですか？」と言ってもいいし、「子どもが先生の大きな声が怖いみたいです」など、困っているところを直接、伝える方法もあります。理解のある先生ならば、きちんと対応してくれるはずです。

次に、子どもが学校でできることです。これから挙げるものについては、事前に親が子どもの気持ちを聞き、学校と共有したうえでできることです。

●子どもができること

①苦手な先生とは距離を置く

たとえば、「うちの子は先生の大きな声が苦手で、怖いようです。なので、休み時間は廊下で過ごしますが、そっとしてあげてくださいね」「座席は、後ろにしてもらえませんか？」など、解決策を（子どもの気持ちも汲み取りながら）親が先生と相談します。

お子さんにとって、苦手な先生が担任である場合、特に小学生の場合は、長時間一緒にいるわけです。こんなに苦痛なことはありませんし、先生に対して恐怖を抱いている場合は、心身の不調を招いたり、登校拒否になることも十分考えられます。

「こんなことを言ったら先生に悪いかな？」という遠慮はいりません。とにかく、**子どもの安心安全を一番に考えてあげてください**。これができるのは、親のあなただけです。

②きつい時は「深呼吸」をする

日頃から、親子で深呼吸を練習しておくといいです。「きついな、イヤだなと思ったら深呼吸してね」、これは、お友達との関係や不安や苛立ちを感じる場合など、いろんな場面で使えるので、ぜひ身につけたいスキルです。深呼吸は簡単にでき、リラックス効果もあります。親子でできるといいですね（220ページ）。

③きつい時は「逃げる」

「きつい、苦しい、怖い、そのような時には、とにかくその場を離れていい」ということを、事前にお子さんに伝えておくといいです。

といっても、まわりの目を気にして、なかなか実践できないかもしれません。ただ、そのような方法も許される、と思うだけで気持ちが楽になります。

ただし、事前に「体調が悪いと本人が言った時は、保健室で休ませてください」と伝えるなど、学校と調整することが必要です。

④教室以外の過ごせる場所を確保する（安全な場所、人）

「この人なら安心」という人が一人いるだけで、子どもは安心して過ごすことができます。「安心できる人＝安心できる場所」です。養護教諭、スクールカウンセラー、教頭など、誰でもいいです。これも、親が事前に学校と調整するようにしましょう。

子どもの気持ちに寄り添ってくれる、苦手な先生との間に入ってくれる、クッションの的な先生がいることが理想です。急に教室から抜け出したとしても、安心して過ごせる場所がある。また、いざという時にはその先生から担任に話をしてもらえると思うと、子どもは安心できます。

余談ですが、「わが子の良いところを教えてください」という質問に即答できる先生はだいたい子どもと気が合います。

親ができることとして、お子さんが安心できるアイディアがあるなら、学校にどんどん提案していいと思います。できるかどうかを判断するのは学校ですし、言わないと気づけないことのほうが多いと思います。

「学校対応はこうあるべき」という常識を、少し視点を変え、柔軟にとらえ直すだけで、子どもたちの安心の場はグッと広がります。

最後に、大切なこととして、どうしてもお子さんが担任と合わない場合は、決して無理はさせず、学校を休むことも視野に入れてもいいです。詳しくは次の項でお話しします。

せっちゃん先生からのメッセージ!

先生や学校に迷惑をかけるかな? など気にせず、子どもの気持ちを優先に動いていきましょう。

子どもの気持ちを伝える
○○がイヤで
おねがいします。
△△と
なるほど!

14 学校に行きたくないと言っています…

お子さんが「学校に行きたくないな」という時、すでに心が苦しさで溢れそうになっている場合が多いです。

ですから、そんな場合は、**学校に無理やり行かせない**ようにしてくださいね。

そして、子どもの話をじっくり聞いて、学校に行きたくないという理由が「ちょっと休みたいだけ」なのか、「お腹が痛くなるくらい深刻」なのかを、見極めることが大切です。

「友達とケンカした」「発表があるからイヤだ」など、具体的な理由がある時は先生に相談して、話し合いの場を持つ、発表の仕方を工夫するなど、お子さんにも気持ちを確認しながら、進めていくといいです。

気をつけたいことは、子どもへの相談なしに「学校に行かない原因探しをする」「原因が解決したら、学校に行けると思いこむ」「親が思いこんだ原因が解決しても学校に行けない子どもを責める」こと、これはよく親や教師がやってしまうことです。

学校に行きたくないという原因は一つではない場合があります。言葉にならない、できない理由だってあるし、お子さん自身が気づいていない場合もあるのです。

確実に言えることは、**子どもは一人で学校で苦しい、怖い思いをしています**。ママ、パパが自分のために動いてくれている、それだけで子どもにとっては、大きな安心につながります。

ぜひお子さんの心が元気なうちに「**学校を休みたい時は休んでも大丈夫なんだよ**」と伝えてあげてください。逃げ道を作ってあげてください。親のその言葉で子どもは本当に、ホッとします。安心します。

そもそも学校は、勉強する場所でもありますが、子どもが一番楽しく輝ける場所であるべきです。親は、わが子のスペシャリスト、選択肢はたくさんあるかもしれませんが、子どもと一緒にわが子に合う道を見つけて進んでいけたら素敵ですよね。

●環境を変えてあげられるのは親だけ

不登校について「かわいそう」「大変だったね」というネガティブな声はまだまだ聞きますし、親もまわりの声が気になってしまうかもしれません。しかし、わが子を守る親として、合わない学校にいて、どんどん体調を崩していくわが子の姿があるのならば、そこに固執することはないと思っています。

学校を休ませる、場合によっては転校して環境を変えるなどの選択も視野に入れてもいいと思います。子どもは自分で環境を変えることはできません。それをできるのは親しかいないのです。

娘は、小4から不登校になりました。先生の無理解やいじめなど、要因となり得ることはいくつかありましたが、数年後、娘は「不登校になった理由なんてわからないよ」と話していました。そして中学2年で、不登校の子どもを対象とした東京シューレ葛飾《かつしか》中学校に編入しました。

奥地圭子学園長が、学校が合わないことを靴にたとえ、「靴だって合わないと、替えるでしょ？　学校も同じ」「お子さんは、休んでおうちで過ごしていても、必ず学んでいる」と力強く話されていたことがとても印象的で、親子で気持ちが軽くなりました。

せっちゃん先生からのメッセージ！

学校がすべてではないというメッセージは、行き場のない子どもたちにとって救いです。お子さんに合った環境は必ずあります。ただ今いる場所が合わなかっただけ。わが子の気持ちに寄り添ってあげてください。

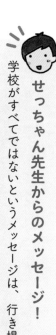

15 好きな子ができたみたい。親はどうしたらいいのかな？

人が人を好きになるということは、自然なことですね。発達障害のお子さんも個人差はありますが、人を好きになる気持ちはスクスクと育っていきます。

お子さんの好きな子の話になったら、否定したりせず、「どんなところが好きなの？」と聞いてみるといいですね。また、ママ、パパはお互いどこが好きになったのか、恥ずかしいかもしれませんが、昔話をしてみるのも、リアルな恋愛体験としていいですね。親がオープンになると、お子さんも気軽に話しやすくなります。

日本は性に関することは恥ずかしい、隠しておくものとして、「寝た子を起こすな」というような考えが根深くあり、性に関してはまだまだ発展途上国なのです。

発達障害のお子さんは、初めてのことに対して不安を抱えやすいことは、これまで何度かお話ししましたが、特に性に関しては、正しい情報を得ることが難しいので、なるべく親が（もちろん学校でもできるといいですよね）小さい頃から伝えられるといいです。

そのために、小さい頃から体のパーツの正式名称を教えたり、お風呂に一緒に入りながら体の洗い方を教えることはとても大切です。

女の子なら一緒に買い物に行き、「下着コーナーも見てみない？」などと誘ってみるなどもありです。男の子なら、パパにも協力してもらって同性の親から教えられるといいですね。

●視覚的に正しい情報を入れる

思春期になると、体の変化にとまどう子もいます。その時、知識がないと、自分の体の変化が「病気なのかな？」と一人で悩んでしまう可能性もあります。わが子の体の変化に気づいたら、「大人になっていってる証拠だよ」と伝え、安心させてあげましょう。

また、発達障害のお子さんは視覚優位な子が多いです。**良質な絵本や生命の誕生**

などの写真を使い、わかりやすく理解させることも大切です。大事なことは、「性」をタブーにせず、気軽に会話することだと思います。

お子さんはこれから先、様々な人と出会い、交際や結婚なども経験するかもしれません。お子さんと性について話しておけば、人とのお付き合いについても肯定的に捉えることができるはずです。また、これからの時代は、多様な性について話すことも大切です。「性」への興味は、生きていれば当たり前のことなのです。

せっちゃん先生からのメッセージ！

アニメや映画を見ているとラブシーンもよくありますよね。「大好きなんだね」「幸せそうだね」。逆に、「嫌がってるのにね」など、状況を言葉にしてあげることもいいと思います。

16 子どもに発達障害って伝えたほうがいいの？（障害告知）

わが子が何か普通と違うと感じた時、また障害があると知った時、多くのママ、パパは「社会で生きていくのに、ものすごい不利になる」「一生の重荷を背負わせてしまった」など、負い目や責任を感じたのではないでしょうか。

私も例にもれず、「妊娠中に無理したせい？」「私の育て方のせい？」など、自分を責めました。親自身にそのような後悔や反省があると、子どもに発達障害ということを伝えるべきか否か、迷うと思います。

そんな時は、「**私が子どもの立場なら、どのようにしてほしいか？**」と自分ベースに置き換えて考えてみると、シンプルでわかりやすいかと思います。

たとえば、「なんか友人関係がうまくいかないな」「なんかまわりから浮いちゃうんだよな」「何でこんなに忘れやすいのかな」など、困ることがあったとします。

そしてどうにかしたい、普通に生活がしたいと、みんなの真似をしてみたり、頑張っているけれどよくならない。どうしたらいいのか、わからないと一人、悶々《もんもん》と過ごしています。

ただそれには「理由があって、うまくいく方法もある」、そんな場合、あなたはその理由を知りたいですか、知りたくないですか？（ちなみに私は知りたいです）

ただ、これには、大人でも答えがわかれるように、お子さんの持性にもよってもわかれます。ですので、「今すぐ伝えたほうがいい」とか「必ず伝えるべき」ということではありません。しかし、これからお伝えすることを参考にすると、考えやすいかもしれません。

●発達障害の特性の伝え方

よく皆さんにお話しするのですが、ママ、パパにすぐにやってほしいことは、小さい頃から、**その子の「障害」ゆえの特性を「苦手」「得意」として伝えるということ**

とです。

「苦手」はその子が困っていることや難しいと感じていること。「得意」は、上手にできること、みんなからほめられることです。

お子さんにどう伝えればいいのか、一つ例を挙げます。

自閉症と診断されたSちゃんは、気持ちをうまく伝えることができず、学校で友達に誤解させて嫌な思いをさせてしまうこともありました。しかし、一方で絵を描くことが得意で、クラスでも一目置かれています。

Sちゃんに得意、苦手を伝える場合、Sちゃんが絵を描いている時に「絵がすごく上手だね！　色が綺麗！」など、良いところに気づかせる。そして、お友達との関係については、「相手に気持ちを伝えることって難しいよね。Sちゃんが苦手なところは一緒に練習してみようか」と、会話に入れていくことで、Sちゃんの得意な点、苦手な点を意識させるのです。

日ごろから得意、苦手の話をしておくと、告知された時にも「障害があることは苦手、得意があることなんだな」と、肯定的に自分の特性をとらえ、受け入れやすくなります。障害という枠に囚《とら》われることなく、「自分はこんな人」というふうに自然に自分自身を受け入れることができるのです。

お子さんの、**得意なこと、好きなこと、いいところは、どんどん言葉にして伝えると、非常に効果的**です。

また、思春期になると、親が言うことより、他人の意見を尊重することも多くなります。信頼できる人から良いところを言われると嬉しいですよね。そこでたとえば、担任やわが子とかかわっている大人のわが子への賞賛の声は、惜しみなく伝える、または直接言ってもらうと良いですね。

ママ、パパも誰かと話をする時に「うちの子、こんなことが得意なんだよ！」と子どもの目の前で言うようにすると、さらに得意な気持ちが強化されていいですね（自慢でなくて事実ですからね）。

●告知について準備する

お子さんに障害を告知するのは、生活を共にしている両親からというのが一番多いかと思いますが、主治医から伝えてもらうケースもあります。どのように伝えるかは、主治医と事前に相談しておくと、心の準備もできて焦りません。

ただ、お子さんからいきなり「私は◯◯なの？」と障害について聞かれることも考えられます。その時々で答え方は変わりますが、基本となるのは、

・親が子どもの障害を受容できている
・その場しのぎの嘘はつかない
・正しい障害名を伝える（ここで苦手、得意といった表現が使えます）
・あまり深刻に伝えない。悪いもの、大変なことと、とらえてしまう

ことがポイントになるかと思います。

不安な方は、一度、紙に書いてみたり、夫婦で告知のシミュレーションをしてみるなど、練習をしておくといいですよ！

親がお子さんの障害を肯定的にとらえていたら、その気持ちは必ず伝わります。しかし、もし、まだお子さんの障害について克服できていない場合は、まわりに気持ちをアウトプットするなどしていくといいですね。

どのような結果であったとしても、取り返しのつかない失敗などありません。親の愛は絶対伝わります。大丈夫です。

●告知のタイミング

お子さんが自信をなくしている、体調を崩している場合に、いきなり伝えられても落ちこむだけです。告知は子どもが元気な時にすると、子どもも冷静なので受け入れやすいです。また、ママ、パパも心身の体調が良い時でないと、子どもの気持ちを受け止める余裕がなくなります。ですので、お互いが元気な時に伝えることをオススメします。

その際、ポジティブな雰囲気で伝えると、子どもも比較的すんなり受け入れることができると思います。

●カミングアウトについて

関連することとして、お子さんが障害について「カミングアウトしようか迷っている」場合には、**カミングアウトした時のメリット・デメリットを、紙やホワイトボードなどに書き出すと、視覚的に確認できます。**ちなみに、書くことは、後で見返すことができ、第三者（学校の先生）にも共有しやすいです。

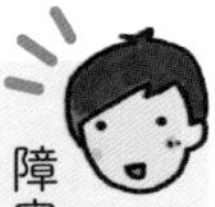

せっちゃん先生からのメッセージ！

障害の特性も丸ごと〝自分〟としてとらえられたら、そしてまわりに理解してもらえたら、お子さんは不安を抱えることなく、生きやすくなりますね。

17 将来のことを考えると、不安になってしまう

さて、障害の有無や、その程度に関係なく、親の子どもに関する悩みはつきません。ただ、発達障害の子を持つ親としては、親亡き後、この子はどうなるのだろう、一人で大丈夫かしら……と強い不安を感じるかもしれません。

私はこの壮大なテーマについて考えることを、最近まで後回しにしていました。ただ不安な時ほどアウトプットするのが効果的なので、いったい何が不安なのか見てみることにしました。

●気持ちが楽になる、軽くなるとらえ方を選ぶ

ちょっとイメージしてみてください。

ある日、ママが買い物に行ってお会計をしようとしています。さぁ、レジでお支払

いする時にお財布を忘れたことに気づきます。反応として「しまったー！　最悪！」「あは、サザエさんみたい！」という2パターンあったとして、どちらのほうが深刻に感じますか？　どちらのほうが気が楽ですか？

おわかりのように、後者のほうが、気持ちが楽ですよね。財布を忘れたという同じ出来事ですが、どうとらえるかで、気持ちは大きく変わるのです。

「いかに気持ちが楽になるか、軽くなるとらえ方ができるか」は、障害のある子どもを育てていく私たちにとって、いや、きっとすべての子育てをするママ、パパにとって、毎日を健やかに生活するための大切なスキルになります。

将来の不安に対しても、実はお子さんも、親と同じように不安感を持っている場合があります。

そこで、親子で不安への心構えや、対策方法をシェアしておくことは、お子さんにとっても「**人生を安心して過ごせるチケット**」になるのです。

もちろん、お子さんの理解力や年齢を考えたり、心身調子の良いタイミング（気持ちが安定している、元気な時）をみて伝えることは大事でしょう。また一回だけではなく、回数を重ねて伝えるなど、お子さんによって伝え方を変えていくことが大切ですね。

さて、ここで「親の亡き後」について少しお話ししましょう。

生死、性についてなど、日本ではタブー視されがちですが、それらは、生きることと切っても切り離せない大切なテーマですね。

発達障害の子どもたちにとって、親の感情や考え方に影響されやすいというお話はしてきましたが、この場合も、大人が隠そう（タブー）とすると、子どもは直感で「ダメなこと、怖いこと」ととらえてしまいます。そのため、**言いにくいテーマほど、軽く軽く伝えることで、子どもたちにもスンナリ浸透して受け止めることができます。**

ちなみに、最近では大手の発達障害児をサポートしている会社が、親の亡き後の生活についての無料相談会を開催していたり、体験者がＳＮＳで情報発信したりしています。

気軽に無料相談に参加してみたり、すき間時間にスマホで気になるキーワードをぱっと検索してみるなど、ママ、パパができることから一つひとつ実践してみると良いと思います。とはいえ、日々の生活で考える余裕がない場合もあります。ざっくりで良いので、「気になる項目をスマホにメモしておく」など、記録を残しておくだけでも、大きな一歩です。決して無理はしないようにしましょう。

さて、わが家の親亡き後について、実は模索中（実験中）です。

実際、無料相談を利用して、だいぶスッキリしましたし、今年は遺言状を作ってみようかなと実は楽しみです。

娘は現在16歳。親子で故郷から離れ、シングルマザーの私と二人暮らし。同じ県に私の知り合いがいるといえばいるのですが、娘を預けるほど親しいわけでもなく。そんな状況での親子の会話です。お子さんへアプローチする時の参考になれば嬉しいです。

●親が入院したら？

私「そういえば、ふと思ったんだけど、もし私が体調崩して入院したりした時の、あなたの居場所ってどうしようか? 施設とかあり?」
娘「ん～。気を遣うから嫌かな」
私「それなら、近くにいる私の知り合いに何かあったら頼れるように連絡しておこうか? 電話番号交換しておくとか」
娘「あ、それならいいかな?」
私「そっか、じゃあ連絡しておこうかな」(と言ってまだ連絡していない)

●私のお葬式は……

別の日には、
私「そういえば、知り合いに遺言状とか準備している人がいて、まあ、私はまだまだ生きるつもりだけど、念のため、ほら、銀行預金とか、保険について、あなたが知っておかなくちゃいけないことってあるよね」
娘「うん」
私「今年、遺言状を作っておこうと思っているよ。そしたら、何かあっても慌てないですむでしょ?」

娘「確かに、そうだね」
私「あ、お金は準備しておくから、お葬式はバーベキューにして～。みんなでワイワイ、おいしいお肉を食べながら思い出話をするっていうお葬式をあげてほしいな。よろしくね～！」
娘「はいはい」
このような感じでさっくり軽く話しています。
発達障害の子どもたちにとって、重いことほど、軽く伝えることでショックも軽減されます。そして何度かこまめに伝えることで忘れにくくなるので、とても有効なのです。

せっちゃん先生からのメッセージ！

タブー視されるものほど、目を背《そむ》けず見ていくと、案外、解決法が見つかるモノです。そうして、不安を安心に変える。長い人生をハッピーに生きるコツです。

タブーに思うことこそ…
将来のこと…不安
？
どう伝えたら…
ニャ〜
軽く、何度も伝える
うんうん！
それでね！
前にもいってたね！
ニャ！

18 いろんな育児書があって、何をどうしたらいいか迷います

本で調べても、インターネットで検索してみても、本当にいろんな情報があり、正直迷ってしまいますよね。

試してみたけれど、わが子が変わっているのか、効果が出ているのかも曖昧だし、時間だけが過ぎていく感じがして、焦りばかりが先行する……ほとんどのママ、パパが経験しているのではないでしょうか。

では、何を基準にわが子の子育ての方針を決めたら良いかというと、次の3つだと思います。

① 親から見て、子どもにできそう、合っていそうだなと感じるもの

② ママ、パパも続けられそうだと感じるもの

③何か直感で「いいな」と感じるもの

どうでしょうか。子育ての方針という大事なテーマなのに、かなりアバウトな内容かと思いますか？

もちろん巷《ちまた》には素晴らしい子育ての方針はあるでしょう。ただ、正直なところ、どんなに素晴らしい内容であっても、続けられなければ意味がありません。

親も子も伸び伸びと生きていくためにおさえておきたいポイントは、無理なくできることです。この本はしっくりくる、ここのカウンセラーは子どもと相性がいいなど、自分の直感、気持ちを優先します。もちろん失敗もあるでしょう。人間ですもの。

でも大丈夫。トライアンドエラーで、失敗を繰り返しながら、次第に、わが子に合った子育て法が見つかります。

もう一つ、いろんな情報を受け取る時に、大切なポイントがあります。それは、

- どのような情報も選択肢の一つというだけ
- どんなに権威のある人から言われても（医者や専門家）、鵜呑みにしない

ということです。

場合によっては親がショックな情報もあると思います。ただ、そうだとしても「自分の子どもの立場（目線）で考える」ことが大切です。

子どもの立場（目線）で選んだ道は、たとえ「あ、失敗したかな。別の道もあったかも」と思ったとしても、後悔が少ないです。

実際、その失敗したと感じていた出来事のおかげで、ベストな進路に進めたなど、数年後、「あの選択があったから今がある」と思えるというお話をよく聞きます。

たとえ遠まわりになったとしても、子どもの声を聞きながら、親がこの情報だと思って選ぶことが、その時の最高の選択なのです。

せっちゃん先生からのメッセージ！

少しずつ進むごとに、親も子どもに合った情報を上手につかめるようになります。
トライアンドエラーをくり返しながら、ゆっくり親子で成長していくのですね。

19 悩みをどこに相談したらいいの?

私は特別支援学校で20年間、子どもたちと関わってきましたが、発達障害児の子育てについて、すべてを知っているわけではありません。

娘の育児でも、それこそいろいろな悩みに対し、どこに相談しようか迷っては、まずアポイントメントをとって感触を確かめてみたり、実際に受診して、娘との相性を確認したりと、試行錯誤しながら、娘に合った相談先を見つけていった(今もそうです)感じです。

仕事や家事をしながら相談先を選んでいくことは、時間も労力も相当使いますが、大枠でいいので、相談先とその内容がイメージできると、気持ちは楽になるかと思います。

相談(気持ちをアウトプットする)先の一例を次に挙げます。

・信頼できる家族や友達

話すことで、親はリフレッシュできますが、ただの愚痴になったり、子育てを否定されると余計落ち込むので、信頼できる人を選びたいですね。

・お医者さん、カウンセラー

親子で気持ちを吐き出したり、体調について相談ができます。発達障害のお子さんの場合は特に、相手との相性が大切です。発達障害の子どもたちは、信頼できないと感じると「行かない」という判断をすることも多いです。逆に一度信頼すると、心配事など、心を開いて話すようになります。

実際に会って診察してみないと、子どもとの相性はわかりません。数箇所回るのが当たり前くらいにとらえていると、親もうまくいかない時のショックも少ないです。

・市区町村の相談窓口

補助金、サポート制度など無料で聞けます。とにかく「どのようなものがありますか？」と、遠慮せずに聞くことで、必要な情報を得ることができます。

・発達障害のサポートを専門としている会社

日常の対応策から進路や就労、親亡き後など、得られる情報が豊富です。無料相談をしているところもあります。

・SNSで検索する

最近では、様々なSNSでキーワード検索すると、情報を得ることができます。発達障害に関する投稿も膨大にあります。

しかし、情報の質は玉石混交。すべて正しいと思いこむことは危険ですが、対応方法や解決法など、ヒントをもらえることもあります。場合によっては、コメントなどでつながり、質問してみると気持ちが楽になる場合もあります。

どんな状況でも必ず突破口はあります。一人で悩まないでください。

せっちゃん先生からのメッセージ！

悩みはプロに頼ればいい、くらいの気持ちでいると、気持ちも楽になっていいですよね。決してママ、パパだけで背負い込む必要はないのです。

悩みはどこに相談したらいいの？
信頼できる人
病院
専門の企業
SNS
突破口は、いろいろある！

巻末付録

子どもが伸びる魔法の言葉かけ！

言い換え変換リスト

●ポイント

①肯定的な言葉かけ

「否定的な言葉」を「肯定的な言葉」に変えるだけでお子さんも、受け取り方が180度変わります！

②子どもの「できるところ」「やったところ」に注目

大人は子どもの「できない」「やらない」ところに注目しがちですが、子どもなりに「できているところ」、「やっているところ」はたくさんあります。

そこを見つけて声をかけてあげましょう！

③具体例をあげる

具体例をあげることで、発達障害のお子さんは「やることがイメージできて」行動に移しやすいです。

次ページからのリストでいくつかの例をあげていますが、アフターの言葉は、もちろん、ママ、パパがしっくりくる言葉に言い換えてかまいません。

読んでみて気づいた方もいらっしゃると思いますが、ビフォーは「自分も言われたら嫌な気持ちになる」言葉で、アフターは「言われたら、ちょっと気持ちが軽くなる」言葉なのではないでしょうか?

言い換えが瞬時にできるようになるには、練習が必要ですが、コツさえつかめば、アレンジは自由自在!

ぜひママ、パパのオリジナルの愛のある言葉かけを見つけてみてください!

教員時代、学校で、言い換えを取り入れるようになってから、生徒のやる気が格段と上がりました。しかも、リラックスした表情で、生き生きと自発的に学習や作業に取り組むようになったのです。

また、愛娘は発達障害・不登校と一見、ネガティブになりそうですが、自立心も高まり、毎日がとても楽しそうです。

まだまだ感情的になってしまう場面もありますが、大人の言葉が子どもに与える影響は本当に大きいのです。

朝 子どもが自主的に動く言葉

Before	After
早く起きなさい！	（前日）何時に起きる？ 自分で起きる？ それとも起こす？

▶▶ 苦手なことほど、お子さんの意思を「事前に確認」。

Before	After
また、ごはん残して！	ごはん、 これくらいでいい？

▶▶ 食べる量やメニューを、食べる前に「事前に確認」すると、スムーズです。

Before	After
忘れ物ない？	筆箱入れた？

▶▶ 忘れそうなものを、具体的に伝えます。

Before	After
友達と仲良くね！	気をつけて いってらっしゃい

▶▶ 仲良くできない場合もある。理想論、一般論より、背中を押すさりげない言葉で送り出します。

帰宅後 やる気を育てる言葉

Before		After
何度も同じこと 言わせないの！	→	さっきも言ったけど 覚えてる？

▶▶ お風呂、歯磨きなど、やりたくないこと、後回しになりがちなものほど、淡々と伝えます。

Before		After
また友達とケンカしたの！ ダメでしょ！	→	何かあったの？ ママ（パパ）に 教えてくれる？

▶▶ 頭ごなしに言われると、理由があっても言えなくなります。お子さんが一人で抱えこまないよう、言いやすい関係性を意識してくださいね。

Before		After
がんばれ！	→	できるだけで十分だよ

▶▶ がんばることが基準になると、お子さんはキツく、逃げ道がなくなります。お子さんは生きているだけで頑張っているのです。

Before		After
宿題まだ やってないの！？	→	今日の宿題って いくつあるの？

▶▶ 具体的に質問することで、お子さんは意識して取り組みやすくなります。

Before		After
遅い！	→	どうしたの？
もう、困らせないで！	→	何か困ってることある？
これだけしかやってないの？	→	これ、やってたんだね

▶▶ 親目線で見ると、お子さんの言動は常識的でなかったり、親を困らせるように見えることがありますよね。
なぜ、そのような態度を取るのか？　ぜひ一度、「わが子目線」で考えてみてください。よく繰り返すことには、必ず原因があります。

そして、お子さんが「できている」「やっている」ことを見つけて、声をかけてあげてくださいね。

Before		After
偉い！すごい！	→	毎日やっていたもんね

▶▶「偉い」「すごい」は言わなくてもいいです。結果だけに注目するのではなく、取り組む過程を見て、声をかけていただきたいです。

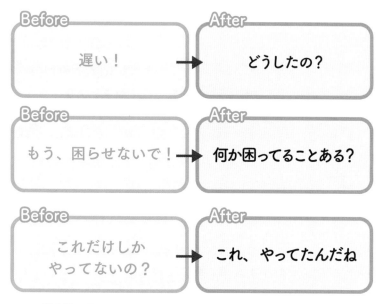

注意 気づきを与える言葉

Before
危ない！
After
ストップ！
ノー！

▶▶ 飛び出しや、危ないものに触ろうとしたなど、安全が脅かされる場合、緊急な場面では、短くお子さんの行動を止めます。大きな声でわかりやすく。

Before
いい加減にしなさい！
After
こうしたら〜なるけど
大丈夫？

▶▶ 具体的に、どうなるかイメージさせることで、自分で考えてやるかやらないか判断します。

Before
ダメでしょ！
After
スルー or 見守り

Before
コラ！
After
スルー or 見守り

▶▶ 思わず口にしてしまいますよね。ただ、お子さんが「親の気を引きたい」場合、「誰かの注目を浴びたい」場合には、対象の言動がエスカレートすることがほとんどです。スルーするか、様子を見て、落ち着いたら別の話題に変えるなど、試してみてください。

Before		After
鬼が来るよ！	→	○○しようか

▶▶ 基本的にウソ、約束できないこは言わないほうがいいですね。「なんだ、大丈夫じゃん」と親の言うことを聞かなくなります。

Before		After
何でできないの！	→	これだけできたんだね

▶▶ できていることは必ずあります。ハードルを思いっきり下げて、見つけていってくださいね。

Before		After
口ごたえばかりして！	→	（口には出さず）口ごたえできるほど成長したなと観察

Before		After
なんでママを困らせることばっかりするの！？	→	ママ何か嫌なことした？

▶▶ 気持ちを伝えることが苦手な発達障害のお子さんは多いです。その表現しか知らないのかも？　一緒に表現を見つけてあげてください。

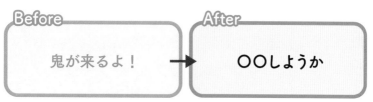

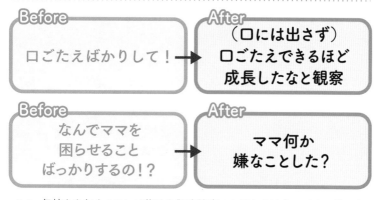

親子関係が劇的に良くなるワーク
——親子でゆるむ「ゆるワーク」

次に、多くのママ、パパさんから効果抜群と評判の7つのワークをご紹介します。すべてのワークは「心地いい」「ホッとする」「楽しい」「リラックス」「気持ちいい」など、心身ともに「ゆるむ」ものばかりです。そして「ゆるむ」ことで、お子さんが本来持っている素晴らしい素質や得意なことが顔を出してきたり、ママ、パパも自分のやりたいことをするようになったり、親子で才能がどんどん開花していきます！

すべてのワークをやる必要はありません。どれか一つだけをやってみるもよし、いくつかやってみるもよし、「なんかピンときた」ものからやってみてもいいですよ。

ワークは行わず、想像するだけでもいいです。

どんなことも必要なタイミングがあります。その時が来たら自然に始めたくなるはずです。「ここまで読んだ私は偉い」、とご自身をほめ、焦らずいきましょう。

ゆるワーク 1

深い呼吸でゆるむとすべてうまくいく！

吐く→思い切り吸う（3秒）→ゆっくり吐く（5秒）

ワークの一つ目に「深呼吸」をご紹介することには、大きな理由があります。

それは**「たった数秒の深呼吸で緊張がゆるみ、不安が減るから」**です。他のワークはやらないでも、これだけはやってほしい！！！（笑）それくらい有効です。

実は私たち、発表前、試験前など、緊張した時に、無意識に深呼吸していませんか？

本書で何度もお伝えしていますが、発達障害の子どもたちは、集団生活の中で日々、サバイバルしています。

そしてママ、パパも同様に、お子さんを支えるべく頑張っていて、親子で無意識に心身ともに力が入り、緊張していることが多いです。

親子で日常生活にこのワークを取り入れるだけで、不安や悩みは軽減され、生活の質は格段に上がります。

深呼吸は目を閉じて行っても、開けて行ってもかまいません。そして、たとえば、朝起きた時、用を足した後、お弁当を作る前、出かける前、電車の中、仕事が始まる前、お家に入る前などなど、いつでもどこでも何秒でも！　ご自身がしっくりくるほうでやってみてください。

緊張や不安を感じた時は、その場で深呼吸をします。あと、何でもない日常にこそどんどん深呼吸を取り入れると良いですよ。

コツは**「ゆっくり吐き切る」こと**です。しっかり吐くことで息を吸いやすくなり、より深く呼吸できます。

また、呼吸をする前後のご自身の心と体の変化を味わってみると面白いですよ。

親子で共通のリラックス法があると、何かあった時、「深呼吸してみようか」とすぐできます。いつでもどこでも、手ぶらでできて、リラックス効果絶大の深呼吸（しかも無料！）、超おすすめです！　たかが深呼吸、されど深呼吸なのです。

ゆるワーク

2

わずかな時間でもぼ〜っとする！

「ボ〜ッとタイム」でひらめきがやってくる！

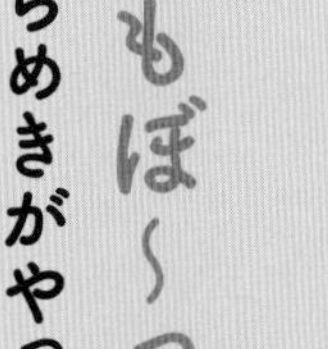

ワーク1に続き、何〜？　それだけ〜？　と思われたでしょうか。

実は、ボ〜っとすることで「ふと」お子さんへの良い言葉かけを思いついたり、「ふと」週末のお出かけの素敵なアイディアが湧いたりするのです。

では、なぜ、ボ〜ッとすることがいいのでしょうか？

たとえば、買い物に行ったとします。両手がふさがっていたら荷物が持てませんよね。他にも何かがしたくても、両手がふさがっていたら何もできません。同じように、頭の中もすき間のない状態だと、お子さんの気持ちの変化に気づいてあげられなかったり、イライラしてしまう場合があります。

頭にすき間、余白、ゆとりを作ってあげことで、「気づく」「考える」「ひらめ

く」ことができるのですね。

そうはいっても、「ボ～ッとする」のって、簡単そうで難しいな～と思うママ、パパさんもいらっしゃるかもしれません。

そんな方は深呼吸しながら、椅子にゆったり座ってみるとか、目を閉じてみるとか、ソファーや床に寝転がってもいいかもしれません。猫や犬をなでたり、空を眺めたりしても良いですね。

そして、大事なことは、これも、「ママ、パパの立派な仕事」ととらえること。何もしていないわけではないのです。禅問答みたいに聞こえますが、「何もしていないことがお仕事」なのです（笑）。

ママ、パパからお子さんに「一緒にボ～ッとしようか」なんて言って、床でゴロゴロするなんていうのも、素敵ですね。お子さんもそうした大人の姿を見て、気を抜く大切さを覚えていくのですね。

ちなみに、娘はボ～ッとすることが苦手なので、私は一人でボ～ッとタイムを楽しんでます（笑）。「それぞれが心地いいペース」で、が大事ですね。

ゆるワーク

3

緑のある公園や林、森の中、海など、自然の中で裸足になる

裸足になることで、植物のようにどっしり生きる

最近、外で裸足《はだし》になったことはありますか？
大人はもちろん、よちよち歩きの小さなお子さんでも、最近は靴を履いていますね。
足の裏を保護したり、お洒落のために履く靴やサンダルは、現代人にはなくてはならないものかもしれません。

ここで、ちょっと想像してみてください。
あなたは、晴れた日に公園の綺麗な芝生の上を裸足で歩いています。または、青い海の素敵なビーチで、砂浜の上を裸足で歩いています。想像しただけでも気持ちいいですよね？

自然に触れるだけでも、幸せホルモンのセロトニンが分泌され、安心感や癒しの効果がありますが、裸足になって、どっしりと大地を感じることで、より強く安心感を得ることができます。

ただ立って足の裏で土や木の葉、砂の感触を感じるのもいいですし、なんなら足の指でギュッと、大地や砂を握ってあげたり、踏みしめてみるのもいいですね。

一方、感覚過敏なお子さんは、裸足を嫌がる場合もあります。その時には、敷物にいったん座らせて観察する。敷物の上で裸足になり、草にそっと触れさせる。または、ちぎった草で優しくなでるなど、無理強いはせず、お子さんの様子を見ながら自然と触れさせてあげてください。場合によっては靴下を履いて歩くだけでもＯＫです。

このワークによって、靴の中で小さくなっていた足が、のびのびとするのを感じるはずです。同時に、気持ちまで、なんだかゆったりしてくるのではないでしょうか？

自然の中にいるとママもパパもほっと癒されますね。

ゆるワーク

4

「労宮」と「合谷」のツボ押し

不安を解消し、自己肯定感を高め、セルフケア

私たちの体には７００以上ものツボがあると言われています。

いろいろな大切なツボがありますが、このワークではお子さん、ママ、パパの不安や緊張を簡単にゆるめることのできるツボを２つご紹介します。

それが、**「労宮《ろうきゅう》」と「合谷《ごうこく》」のツボ**です。

「労宮」はなんとなく手が凝ったなという時、自然に押している方も多いかもしれません。労宮は中指を曲げて指がつくところ、つまり、手のひらの窪んだところにあるツボです。ゆっくり強く押していくと「う〜！」と痛いですが、押した後は、すっきりしませんか？

労宮への刺激は、精神的にイライラしている、疲れているなどのストレスに効果的で、自律神経を整えるとのことです。

人は自分を心地良くする方法をすでに知っているのかもしれませんね。

次に「合谷」ですが、合谷は手の甲の親指と人差し指の骨が交差するところに窪みがあります。ここを痛気持ちいい程度に押してあげます。刺激することで、不安を解消する効果があります。

実は合谷は、万能のツボとも言われており、肩こりや頭痛、生理痛、胃腸の不調や便秘にも効果的なのだそうです。

手のツボを刺激することは日常生活のちょっとした時間でできます。お子さんと一緒にやってみるのもオススメです。

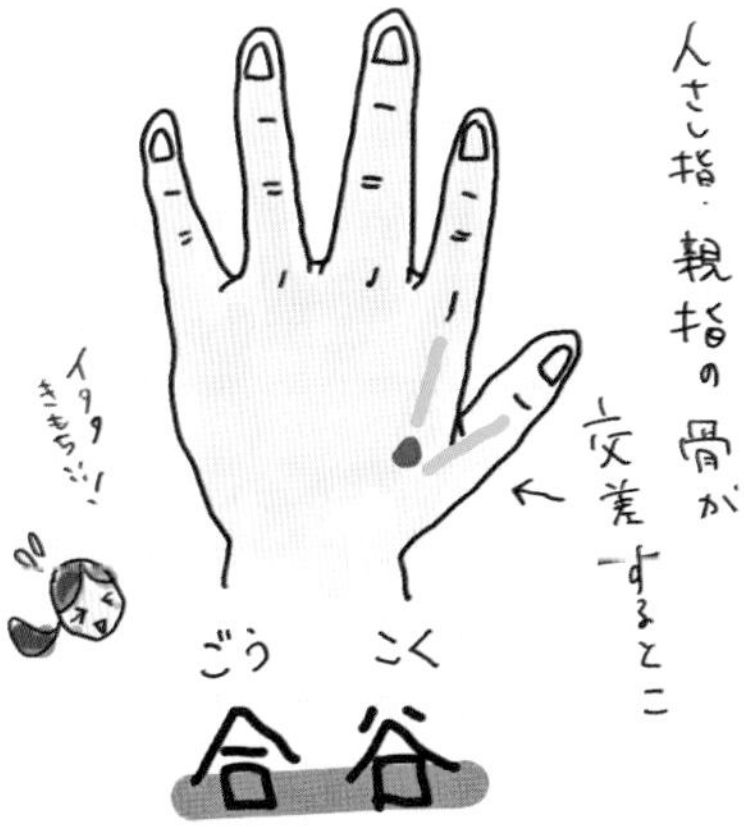

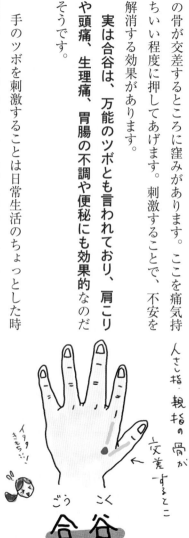

ゆるワーク

5

さりげなくボディータッチをする

体がゆるむと心もゆるむ

発達障害のお子さんは、いかに心身の緊張をゆるめてあげるかが大切です。そこでこのワークです。

幼少期は、ハグや抱っこ、おんぶ、マッサージなどお子さんに触れることは多いと思います。お子さんにとっても大好きなママ、パパからのタッチは最高の安心につながります。

とはいえ、感覚過敏で嫌がる場合は、無理強いしないこと。軽くハイタッチ、握手などの軽いタッチなど、ゆっくりその子のペースでやってみるといいです。

一方、年齢が上がるとともに、ボディータッチの方法も変えていく必要があります。

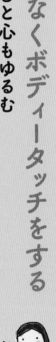

親といえどもプライベートゾーンには触れない、特に異性の親子の距離感は近くなりすぎないように意識したいですね。

ただ、**触れることは、子どもにとってもわかりやすい愛情表現ですし、気持ちのつながりにもなります。**

「やった！　できたね！」という時にハイタッチをしたり、「おやすみ」という時、背中を軽くたたいたり。手足のマッサージやツボ押しなどは、思春期になってもやりやすいと思います。

ゆるワーク

6

笑いたい時は親子で思いきり笑い、つらいことがある時こそ笑顔で！

自分だけの笑い、ユーモア、楽しいがあればいい！

笑顔というのは、人を幸せにする魔法のようなものだと私は思っています。それだけではありません。

「笑うことは健康のためにも大事」と言われていますね。

「ナチュラルキラー細胞（NK細胞）」という言葉を聞いたことはありませんか？

これは、身体に悪い影響を及ぼす物質を攻撃してくれるリンパ球の一種なのですが、笑うことでこの細胞の働きが活発になります。つまり、笑うことで免疫力が上がるのです。すごいのは、作り笑いでもリラックス効果があると言われていることです。

ただ、ここで理解してほしいことがあります。それは、発達障害のお子さんの中には、笑うことが苦手だったり、笑い方がわからない、必要性を感じていない子どももいます。

かといって、楽しいことがないかというとそうではなく、「綺麗に並んだミニカーを見るとテンションが上がる」とか「規則正しい生活が心地いい、安心する」とか「水の流れる音が大好き」だとか、いろいろな楽しさがあるのです。

「わが子にとって何が楽しいことなのか」を大人が寄り添って、お子さんと一緒に共有すると、とても豊かな世界、子どもが見つけたユーモアなどに出会うことができますよ。

笑うことだけにとらわれず、日常生活でも「おや、面白いね」と、わが子と一緒に感じることを見つけられたらいいですね。

ゆるワーク

7

楽しいこと、ワクワクすることを妄想する

思考がやわらかくなり、面白いアイデアがどんどん浮かぶ！

日常生活に追われていると、ママ、パパは目の前のやるべきことをこなすのに必死で、余裕がなくなってしまいます。そうなると、不機嫌になったり、疲れやすくなったり、ストレスも溜まっていきます。

そんな時にオススメのワークです。この時の**ポイントとしては〝制限なし〟でアイデアを出す**ことです。

たとえば、次のような問いかけをしてみましょう。

- 旅行で行きたいところは？
- 会ってみたい人は？

●住みたい家はどんな家？
●お休みはどこに行きたい？
●どんな大人になりたい？
●住みたい国はどこ？

「大好きなアイスを食べる！」「近所のペット屋さんで犬を抱っこする」「素敵なワンピースを着て街を歩く」「好きなアーティストのライブに行く」など、なんでもいいです。楽しい妄想を続けることで、思考も柔らかくなり、面白いアイディアがひらめくようになります。

想像することが苦手なお子さんには、チラシや雑誌、絵本を使う、またスマートフォンやｉＰａｄなど、視覚的な支援ツールを使うのもいいでしょう。すぐに検索して画像をシェアすることができ、お子さんもイメージしやすくなります。

妄想はいつでもどこでも無料ででき、ご機嫌な時間を確実に増やすことができます。

おわりに

読者の皆さま、最後までお読みくださり、ありがとうございます。

今、どのようなお気持ちに、なっているでしょうか？

心の中にあった、不安や心配など、少しでも和らいでいることを願います。そして、本書でご紹介した「子どもたちの才能を開花させる方法」を一つでも実践してくださると嬉しいです。


本文でも述べましたが、発達障害はじめ、障害（「障害」という言葉自体、私は正直しっくりきませんが）があることは、決して、不幸なことではないと考えています。

五体満足でも、自己卑下したり、不安な毎日を抱えている人のほうが、なんだか大変だなと思います。

本書の主人公である、発達障害&グレゾーンの子どもたちには、心強い応援隊「ママ、パパが、家族が、先生が、地域が」ついています。

そしてそれは、子どもが幸せになるための「資源」ともいえます。ママ、パパは、どんどんまわりの「資源」を活用して、親子で幸せになっていけるといいですね。人生、ちょっと、わがままになるくらいが、丁度いいかもしれません。

本書を読んでくださったママ、パパが自分自身を大事にする子育てができる一助となれば幸いです。

本書の最後に、私の出版のきっかけをくださった、山口拓朗さん・朋子さんご夫妻、私の出版応援隊の皆さま、温かい声をかけてくださったすべての皆さま、藤野博先生はじめ東京学芸大学C類の先生方。

また、教師時代、一緒に高めあい、笑いあった仲間達。関わった可愛いすべての子どもたち、その保護者の皆さま、大好きな友達に感謝します。

また、いつも大きな愛で包んで育ててくれた両親、きょうだい。そして私の宝物、愛する娘に。あなたがいて母は幸せです。

すべての皆さまに感謝と愛を込めて

青い空の見えるカフェにて　まてぃだせつこ

できることから少しずつ…。

子どもも親も成長している

特別《とくべつ》支援《しえん》学校《がつこう》の先生《せんせい》が教《おし》える
発達障害《はつたつしようがい》＆グレーゾーンの
子《こ》どもの才能《さいのう》を伸《の》ばす育《そだ》て方《かた》

著　者――まてぃだせつこ
発行者――押鐘太陽
発行所――株式会社三笠書房
〒102-0072 東京都千代田区飯田橋3-3-1
電話：(03)5226-5734（営業部）
　　：(03)5226-5731（編集部）
https://www.mikasashobo.co.jp
印　刷――誠宏印刷
製　本――若林製本工場

編集責任者　本田裕子
ISBN978-4-8379-2937-6 C0030